PAULO VIEIRA, PhD
SARA BRAGA
VIVIANE VEIGA TÁVORA

DECIFRE E FORTALEÇA SEU FILHO

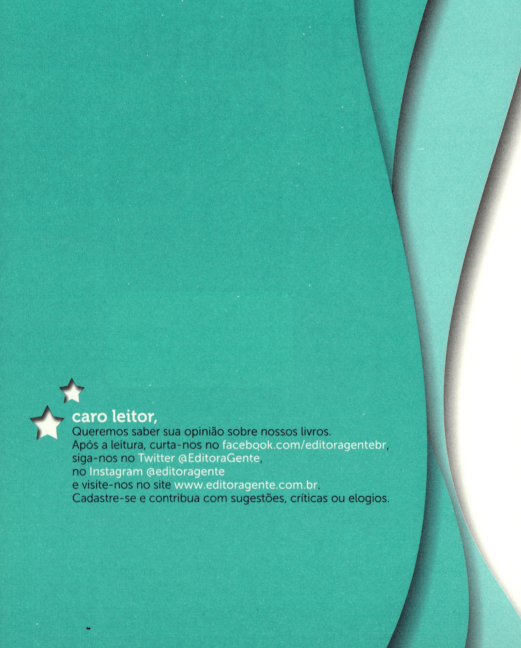

caro leitor,
Queremos saber sua opinião sobre nossos livros.
Após a leitura, curta-nos no facebook.com/editoragentebr,
siga-nos no Twitter @EditoraGente,
no Instagram @editoragente
e visite-nos no site www.editoragente.com.br.
Cadastre-se e contribua com sugestões, críticas ou elogios.

PAULO VIEIRA, PhD
SARA BRAGA
VIVIANE VEIGA TÁVORA

DECIFRE E FORTALEÇA SEU FILHO

Tudo o que você precisa saber para entender o seu filho
e prepará-lo para o sucesso

Diretora
Rosely Boschini

Gerente Editorial Sênior
Rosângela de Araujo Pinheiro Barbosa

Assistente Editorial
Rafaella Carrilho

Produção Gráfica
Fábio Esteves

Preparação
Amanda Oliveira

Jornalistas Equipe Febracis
Gabriela Alencar, Maggie Paiva
e Raquel Holanda

Capa
Rafael Nicolaevsky

Projeto gráfico e Diagramação
Vanessa Lima

Revisão
Fernanda Guerriero Antunes

Impressão
Rettec

Citações bíblicas padronizadas com base na Bíblia Sagrada Edição Pastoral. Disponível em: https://biblia.paulus.com.br/

Copyright © 2021 by Paulo Vieira,
Sara Braga e Viviane Veiga Távora
Todos os direitos desta edição
são reservados à Editora Gente.
Rua Original, 141/143 – Sumarezinho
São Paulo, SP– CEP 05435-050
Telefone: (11) 3670-2500
Site: www.editoragente.com.br
E-mail: gente@editoragente.com.br

Dados Internacionais de Catalogação na Publicação (CIP)
Angélica Ilacqua CRB-8/7057

Vieira, Paulo
  Decifre e fortaleça seu filho: Tudo o que você precisa saber para entender o seu filho e prepará-lo para o sucesso / Paulo Vieira, Sara Braga, Viviane Veiga Távora. – São Paulo: Editora Gente, 2021.
  224 p.

ISBN 978-65-5544-130-7

1. Parentalidade 2. Educação 3. Filhos – Criação I. Título II. Braga, Sara III. Távora, Viviane Veiga

21-3950   CDD 649.1

Índice para catálogo sistemático:
1. Parentalidade

Nota da publisher ★

Como mãe de três, sei que cada filho é único. Podem ter a mesma educação, ser criados na mesma casa, repreendidos e recompensados da mesma forma; ainda assim, conservam uma identidade própria.

Ter isso em mente é de extrema importância ao se criar filhos. Ao valorizar o individual, o singular, valorizamos também quem a criança é enquanto pessoa e, acima de tudo, demonstramos respeito às suas características únicas.

Terceiro livro de uma série dedicada à descoberta do fascinante mundo dos perfis comportamentais, **Decifre e fortaleça seu filho** traz uma proposta extraordinária: educar os filhos com base nas particularidades de cada criança.

E quem melhor para falar sobre o assunto do que um dos mais conceituados coaches do país? Autoridade no tema, o best-seller Paulo Vieira traz para junto de si as pedagogas Sara Braga e Vivi Távora para dar ao leitor o verdadeiro presente que é este livro.

Para mim, é uma imensa honra publicar esta obra e poder contar mais uma vez com a mente brilhante do Paulo e com toda a experiência de Sara e Vivi. Espero que a vibração amorosa colocada em cada palavra destas páginas ajude você a ser mais bem-sucedido nesta nobre missão que é ser mãe ou pai.

Rosely Boschini – CEO e Publisher da Editora Gente

dedicatória

Dedicamos este livro a
todas as crianças e adolescentes que
nascem com todo o potencial para serem
felizes e fortes emocionalmente.

Ao longo da vida, eles vivem experiências
que podem impedir – ou impulsionar –
o fluxo natural de se tornarem empáticos,
generosos, perseverantes e gratos.

Portanto, entender – decifrar – as crianças e
adolescentes com os quais convivemos nos
abre possibilidades de amá-los de maneira
concreta e, assim, nutri-los com competências,
valores, habilidades e inteligências.

Além de, é claro, fortalecer
os vínculos afetivos em família.

Os autores

sumário

12 Introdução: Sim, o seu filho é único...
mais até do que você imagina
Paulo Vieira

24 Capítulo 1: Filhos não vêm com manual, e o que funciona com um nem sempre vai funcionar com o outro
Viviane Veiga Távora

38 Capítulo 2: Frustração, desespero, raiva, culpa... há algo fazendo você sentir que está errando
Sara Braga

50 Capítulo 3: Você pode montar o manual personalizado do seu filho... e escolher acertar a partir de hoje
Viviane Veiga Távora

66 Capítulo 4: Para respeitar as características únicas do seu filho, é preciso conhecê-las
Sara Braga

80 Capítulo 5: Descubra o que torna o seu filho único
Viviane Veiga Távora

90 Capítulo 6: Passo 1 – Comunique a perfeita linguagem do amor
Paulo Vieira

118 Capítulo 7: Passo 2 – Identifique a fase de desenvolvimento do seu filho
Sara Braga

132 Capítulo 8: Passo 3 – Decifre seu filho
Paulo Vieira

164 Capítulo 9: Passo 4 – Fortaleça seu filho por meio das sete experiências
Paulo Vieira

188 Capítulo 10: Passo 5 – Decifre a si mesmo
Sara Braga

198 Capítulo 11: Literatura superpoderosa, um caminho para nutrição emocional
Viviane Veiga Távora

214 Capítulo 12: Faça o Diagrama da Identidade Extraordinária do seu filho/da sua filha
Viviane Veiga Távora

220 Capítulo 13: O melhor tempo começa agora

parte

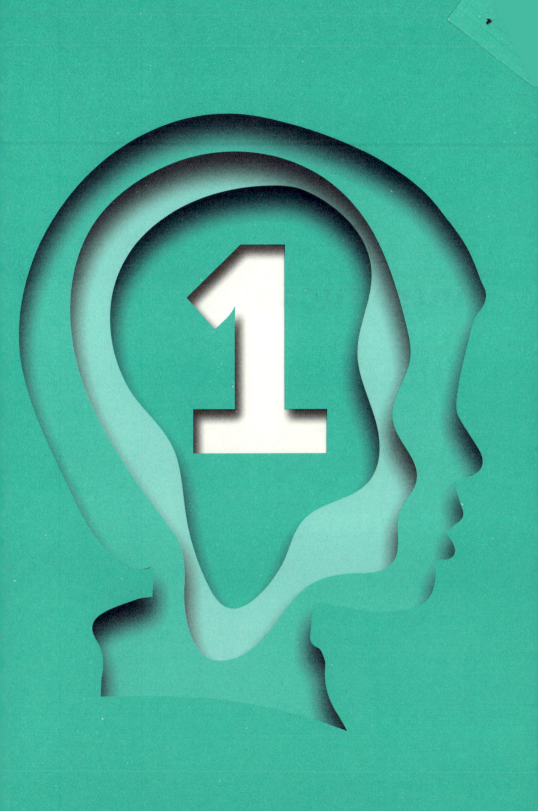

introdução:
sim, o seu filho é único... mais até do que você imagina

paulo vieira

Você sabia que o seu filho é um ser humano único? Você também é! O seu marido, ou a sua esposa, também. Em quem mais você consegue pensar? O seu pai ou a sua mãe? Eles também são. O seu vizinho? Também. Aquela pessoa que você viu passeando com o cachorro outro dia? Ah, essa... também é!

Cognitivamente, todos sabemos que cada indivíduo é único à sua própria maneira. Nós tanto repetimos quanto ouvimos essa informação constantemente. Ao mesmo tempo, porém, parece que costumamos nos esquecer de estender essa verdade a algumas das pessoas mais importantes de nossas vidas: nossos filhos.

Quer ver um exemplo? Não são poucas as vezes em que, ministrando o Método CIS©,[1] escuto o seguinte: "Paulo, eu tenho dois filhos. Eu criei e eduquei os dois exatamente da mesma maneira, dei o mesmo amor e o mesmo carinho para ambos, mas, hoje, um tem uma boa profissão e uma boa família, enquanto o outro não prestou para nada na vida".

Você consegue enxergar o problema nesse relato? É fácil! Minha amiga, meu amigo, a quantidade de filhos que você teve não é importante. O que importa é saber que cada um deles, sejam um, dois ou onze, é completamente único.

Isso significa que não se pode criar, educar e nem mesmo amar exatamente da mesma maneira duas pessoas, elas são diferentes. Pense em quantas mães e pais não fazem a si mesmos a seguinte pergunta: "Por que eu tenho um filho amável e o outro com disfunções emocionais, se eu eduquei os dois da mesma maneira? Por que um dos meus filhos é mais apegado a mim e o outro é distante, se eu os amei da mesma maneira?".

Aquilo que eles acreditam serem seus maiores acertos – como educar ou amar da mesma maneira – são, na verdade, os seus principais erros. Pessoas são diferentes, filhos são únicos. O segredo está em compreender que é preciso educar diferente e amar diferente. A chave dessa compreensão está, justamente, em aprender a reconhecer essas diferenças em nossos filhos.

---

[1]   O Método CIS© é o maior treinamento de inteligência emocional do mundo, criado e ministrado exclusivamente pelo PhD e Master Coach Paulo Vieira. Suas edições, presenciais e on-line, reúnem milhares de pessoas a cada mês e, ao todo, o programa já impactou mais de um milhão de vidas.

A IMPORTÂNCIA DA INFÂNCIA

Você pode estar agora com outra pergunta em mente: "Mas, Paulo, eu passei a vida inteira ouvindo que cada pessoa é única, como é que eu pude esquecer disso depois de ter filhos?".

Um dos principais motivos pode estar ligado ao fato de que nos acostumamos a olhar para a infância como algo menor, e para as crianças como pessoas menos importantes do que nós, adultos.

Agora você será convidado a fazer uma viagem no tempo, com o olhar voltado para a infância. Ela é o período mais importante da vida de um ser humano, é o momento em que nossas principais crenças são formadas (geralmente, até os 12 anos) e quando definimos quem somos e quem queremos ser ao crescer. É na infância que formamos nossa personalidade, conhecemos quem somos, construímos nossos principais valores e idealizamos sonhos que serão realizados ao longo de toda a vida.

A infância tem uma importância fundamental. Está na base de quem eu sou, de quem você é. Cada vez mais temos compreendido o quanto esse período é essencial, mas nem sempre foi assim.

Por muito tempo, na verdade, a infância foi vista como um período "menor", com relação à sua importância, na vida de uma pessoa. Até a ponto de, em algumas eras da História, essa etapa não ser sequer considerada como fase da vida.

Essa irrelevância atribuída à infância atravessou os anos até os dias atuais, nos quais resquícios de uma visão completamente equivocada sobre o período resistem em muitas famílias, afetando de modo direto a forma como as crianças são estimuladas, desenvolvidas e até mesmo amadas.

Quantas vezes eu não ouvi pais e mães falando que vão esperar o filho crescer para começar a pagar uma boa escola? Que vão investir em atividades para o filho quando estiver com 7 ou 8 anos? Que vão comprar livros e ler para eles após a alfabetização? Que vão deixar o filho com qualquer pessoa, que pensar sobre isso não é tão importante? Uma completa inversão dos valores essenciais para a formação de filhos saudáveis e vencedores.

Até as justificativas costumam ser as mesmas: "Ele ainda é pequeno, não entende", "Ele não sabe ler, só vê imagens, qualquer livro serve", "Não tem problema, ele não vai lembrar", "Não preciso focar nisso agora, não adianta", "Eu vou cuidar mais do desenvolvimento quando ele crescer", "O que eu poderia proporcionar a ele agora não vai fazer nenhuma diferença".

E assim, de justificativa em justificativa, muitos pais e mães vivem acreditando que a infância é um período que apenas se espera passar, diminuindo a importância dessa fase de desenvolvimento na vida da criança. Esse é o momento em que crenças são formadas, valores são absorvidos e personalidades são sedimentadas, tudo isso muitas vezes sem um maior cuidado ou atenção por parte dos pais.

Talvez, esses mesmos pais pensassem melhor em suas concepções a respeito da infância dos filhos se soubessem que é nesse momento da vida deles em que se consolidam as predisposições de quem eles podem ser, e serão, no futuro, em suas vidas adultas.

Será que você, diante do seu filho ou da sua filha, já foi, mesmo sem intenção, um pai ou uma mãe que olha para a infância como uma fase menos importante na vida de uma pessoa?

MEU FILHO É ÚNICO... MAS POR QUÊ?

Outro possível, e muito mais comum, motivo para esquecermos com facilidade que cada um de nossos filhos é único, mesmo sabendo que todas as pessoas são, é que esse conceito se tornou algo superficial em nossas vidas e rotinas. Ou seja, até sabemos que cada pessoa é única, mas quantas vezes nos aprofundamos na ideia ao parar para pensar no porquê?

Você já parou para pensar nisso? Como mãe ou pai de uma criança muito especial, você certamente já mencionou que o seu filho é único em sua vida, talvez até sem compreender completamente a verdade contida nessas poucas palavras.

Você sabe dizer quais são as características que tornam o seu filho diferente de todas as outras crianças do Universo? Seria o amor que você sente por ele? Talvez não, afinal, se você tem (ou vier a ter) um outro filho, ou uma filha, certamente o ama (ou amará) tanto quanto ama o primeiro.

Sim, o seu filho é único... mais até do que você imagina

Seria, então, a cor dos cabelos ou dos olhos que o torna único? Pouco provável, visto que, em um mundo com mais de 7 bilhões de pessoas, algumas devem ter cabelos ou olhos com o mesmo tom.

Eu poderia continuar, aqui, citando aspectos que até podem parecer únicos no seu filho, mas que, na verdade, são compartilhados com outras centenas e milhares de crianças, e até com adultos, por todo o planeta.

Não que isso seja um problema, pois quando eu falo do que torna uma criança completamente única, não estou falando sobre características físicas como a cor da pele ou a altura, e nem mesmo sobre aspectos mais subjetivos e intangíveis, como o amor único de uma mãe pelo próprio filho.

UMA CONDIÇÃO ÚNICA

A verdade que eu quero trazer para você e sua família por meio deste livro é que, quando falo que o seu filho é único, estou falando da identidade dessa criança, falo de uma combinação de fatores e características que apenas o seu filho possui. Uma identidade que não é uma escolha dos pais nem da criança, mas uma condição única de cada ser humano.

Como base de cada identidade única – para cada uma das combinações possíveis – e para uma verdadeira e profunda compreensão do seu filho, neste livro vou utilizar a Teoria DISC, sobre a qual ainda falarei bastante nos próximos capítulos.

Essa teoria, elaborada pelo psicólogo, inventor, escritor e teórico estadunidense William Moulton Marston, compreende padrões de personalidade e temperamento das pessoas (além de medos, emoções, forma de se comunicar, valores e tomada de decisões), de acordo com quatro características principais:

- Dominância;
- Influência;
- Estabilidade;
- Conformidade.

Por meio da análise dessas características e das combinações possíveis entre elas, eu quero ajudá-lo a compreender a forma como percebe a personalidade e o comportamento do seu filho. Ou seja, o quanto ele é único, tanto dos pontos de vista emocional e psicológico quanto do biológico.

Fisicamente, é fácil entender, por exemplo, o quanto um filho é diferente do outro, ou dos outros. A cor ou o corte do cabelo é diferente. A cor dos olhos, a disposição das sobrancelhas, até o comprimento dos cílios. Tudo é diferente, mesmo que minimamente.

Mesmo quando os irmãos são mais parecidos, e até no caso de gêmeos, existem características que, especialmente para as mães e os pais, ajudam a identificar e diferenciar um filho dos seus irmãos ou de outras crianças, sabendo quem ele é.

Contudo, o que eu quero é mostrar a você como cada filho é único do ponto de vista comportamental, apresentar a Teoria DISC e tudo que ela é capaz de explicar e ajudar a compreender.

Este livro fará você perceber que, por meio de comportamentos diferentes, filhos demandam formas de comunicação diferentes (assim como se comunicam de maneiras diversas), formas de demonstrar amor e carinho diferentes, e até castigos diferentes, quando for esse o caso.

Vou fazer você entender, de uma maneira profunda, como a forma com que você se relaciona com o seu filho, levando em conta as características únicas do comportamento dele, podem fazer diferença em quem ele é hoje e em quem será ao crescer, em como vai responder aos seus estímulos.

Até gêmeos idênticos com diferenças físicas quase imperceptíveis podem ser completamente diferentes do ponto de vista comportamental, e a unicidade de cada ser humano, inclusive a do seu filho, evidenciada por meio de padrões comportamentais únicos, é interna.

Você já deve ter conhecido (se não os tiver em sua própria casa) irmãos com idades próximas, criados pelos mesmos pais, dentro da mesma casa, frequentando as mesmas escolas, que responderam a todas essas experiências de maneiras completamente diferentes, se não opostas.

Você se lembra de quando falei das pessoas que me procuram nos intervalos dos cursos para relatar as diferenças entre os resultados de filhos criados exatamente da mesma maneira? As experiências que proporcionamos aos nossos filhos (os gestos de carinho, as formas de repreensão, até as brincadeiras) são lidas e interpretadas pelos padrões comportamentais deles de maneira diferente, cada um à sua maneira.

Assim, como poderíamos esperar que filhos com padrões comportamentais diferentes reagissem a uma mesma criação, a uma mesma educação, exatamente da mesma maneira? Isso seria ignorar por completo a unicidade das identidades, dos comportamentos e das emoções de pessoas que tanto amamos, negando, assim, a própria ideia de que cada um dos nossos filhos é, de fato, único.

PEDRO E MARIANA

Eu quero apresentar você a duas crianças: Pedro e Mariana.

Pedro e Mariana são irmãos, foram gerados e criados pelos mesmos pais, moram na mesma casa e frequentam a mesma escola. Pedro tem 6 anos, enquanto Mariana tem 8, e os dois são muito parecidos fisicamente. Com alturas parecidas, algumas pessoas até acham que os dois são gêmeos.

Pedro é uma criança mais sociável, gosta de fazer novos amigos em todos os lugares por onde passa e se comunica com bastante facilidade. Sua espontaneidade e sua alegria contagiam as pessoas ao seu redor e ele raramente fica entediado, sempre pensando em novas brincadeiras e atividades. Pedro é ousado, confiante e gosta de novidades.

Já Mariana, sua irmã, é uma criança mais lógica e racional. Ela toma decisões com cuidado e gosta de analisar os detalhes de cada situação antes de entrar em uma brincadeira ou antes de escolher um brinquedo, por exemplo. Ela gosta de seguir regras, é reservada e, às vezes, pode até passar a impressão de ser uma criança mais fria. Mariana argumenta para defender suas ideias e tende a apresentar um estilo mais formal do que outras crianças.

Os pais das crianças são muito comunicativos e criaram Pedro e Mariana da mesma maneira. O que o pai e a mãe de Pedro e Mariana buscam ao criar os filhos da mesma maneira é fazer com que os dois se sintam igualmente amados por eles. Mas você consegue perceber como os diferentes padrões comportamentais dos irmãos podem interpretar as experiências de conexão de amor proporcionada pelos pais de maneiras distintas?

Pedro é mais comunicativo e gosta de falar tanto quanto os pais, o que faz com que se sinta mais próximo deles, na medida em que se percebe parecido com os dois. Eles têm padrões comportamentais parecidos e as experiências proporcionadas pelos pais (relacionadas aos próprios comportamentos naturais) são mais facilmente reconhecidas por Pedro.

Já Mariana, que não sente a mesma necessidade de falar como os pais e o irmão, interpreta de maneira completamente diferente as experiências de conexão de amor proporcionadas, que podem até fazer com que ela se sinta distante dos pais e não reconheça as tentativas deles de amá-la da mesma maneira que amam Pedro.

Ou seja, a experiência que os pais de Pedro e Mariana proporcionam aos dois são iguais. Mas como os filhos têm comportamentos e, portanto, interpretações distintas, os efeitos são completamente diferentes. Para Pedro, o efeito é positivo, envolve identificação e pertencimento; mas para Mariana, que se enxerga diferente, o efeito pode ser negativo.

Sem uma compreensão dos seus padrões de comportamento, os pais podem começar a tentar fazer com que Mariana passe a falar mais, ficando mais parecida com eles e com o irmão, ao achar que, talvez, ela seja muito calada, e sem conseguir entender que aquele é um traço da identidade única que a garota possui.

Eu sei que os pais do Pedro e da Mariana amam os dois na mesma proporção, mas cada um dos filhos é único, tem comportamentos únicos; assim, ambos demandam formas de se comunicar (e de expressar amor) diferentes.

Para ajudar você a conhecer os padrões de comportamento baseados na Teoria DISC e, com isso, auxiliá-lo a compreender tanto a identidade única do seu filho quanto o que ela demanda de você como pai ou mãe, ao longo deste livro vamos apresentar outras crianças. Além de Pedro e Mariana, você também vai conhecer:

Sim, o seu filho é único... mais até do que você imagina

- Arthur, uma criança prática, dinâmica e competitiva, com grande capacidade de liderança, que não desiste daquilo que deseja alcançar;
- Rebeca, uma criança calma, pacífica, equilibrada e calorosa, que gosta de sua rotina, se sensibiliza com as necessidades dos outros ao seu redor e não reage muito bem a mudanças não previstas ou planejadas.

Você já consegue perceber com qual (ou quais) dessas crianças seu filho é mais parecido?

DECIFRE SEU FILHO

Filhos são únicos e, por isso, possuem necessidades igualmente únicas. Para atender a essas necessidades e ajudá-los a crescer felizes e fortes, é indispensável conhecer suas respectivas identidades.

Ou seja, é necessário decifrar os nossos filhos, entender quem eles são, compreender do que eles precisam e, de modo que possam interpretar corretamente segundo os próprios padrões comportamentais, proporcionar as sete experiências fundamentais para a formação de memórias positivas.

Decifre:
Interprete, compreenda, resolva,
entenda, desvende, traduza.

Ao longo dos próximos capítulos, vou apresentar essas experiências detalhadamente, além de mostrar de que forma cada uma delas pode ser adaptada para o seu dia a dia, para o perfil do seu filho, para a unicidade do padrão comportamental e para atender às necessidades dele.

Como forma de mostrar a importância de adaptar e diferenciar essas experiências de acordo com a personalidade do seu filho, vou falar rapidamente sobre uma delas: a experiência de limites, essencial para o desenvolvimento de uma criança saudável emocionalmente.

Suponha que uma mãe tenha dois filhos que, por algum motivo, se comportaram mal na escola e, por isso, ao chegarem em casa, foram colocados sob o mesmo castigo: ficar por uma hora no quarto, pensando no que fizeram.

Para um dos filhos, João, que gosta de estar em contato com outras pessoas, conversando e pensando em brincadeiras, socializando e se comunicando, essa experiência de limite certamente terá o efeito que a mãe buscava. No entanto, para o outro filho, Gabriel, que aprecia passar um tempo sozinho com os próprios pensamentos, esse castigo não terá o efeito desejado pela mãe, que era proporcionar uma experiencia de limite.

João vai entender o tempo no quarto como um castigo, mas seu irmão, Gabriel, praticamente vai entender aquele momento como um presente por seu mau comportamento!

Você consegue perceber a importância de diferenciar as experiências proporcionadas aos filhos de acordo com seus padrões comportamentais, necessidades e, consequentemente, interpretações dessas mesmas experiências? Não é possível proporcionar limites da mesma maneira para duas crianças que são, por essência, diferentes!

Da mesma forma, outras experiências como conexão de amor, missão, crescimento e generosidade também precisam ser proporcionadas de maneiras diferentes se um dos seus objetivos como mãe ou pai for criar um filho saudável emocionalmente, forte e feliz, pronto para vencer desafios e preparado para conquistar os próprios objetivos.

Esta é a proposta do livro que tem em mãos: que você compreenda, decifre, quem é o seu filho; que entenda determinados comportamentos e seja capaz de valorizar quem ele já é e fortalecer quem ele será, de acordo com as necessidades do padrão comportamental reconhecido, ajudando-o a crescer e se tornar quem ele nasceu para ser.

Agora que você já sabe o quanto e por que o seu filho é tão único, chegou a hora de mergulhar ainda mais nessa jornada de conhecimento da qual você e toda a sua família sairão profundamente transformados.

Para isso, você vai contar não apenas comigo, mas também com minhas sócias e diretoras do Mini Mega Leitor – clube de assinaturas com mapeamento

Sim, o seu filho é único... mais até do que você imagina 21

de competências socioemocionais da criança – e do Jeito de Viver Família –, ecossistema de marcas constituído dentro do grupo Febracis –, Viviane Veiga Távora e Sara Braga, a quem convidei para escrever este livro e mergulhar neste assunto tão especial ao meu lado.

Além das nossas experiências com estudos de perfil comportamental, você pode confiar na paternidade e na maternidade que aprendemos, desenvolvemos e oferecemos para os nossos próprios filhos: Júlia, Mateus e Daniel, são meus; Matheus, Valentina e Pietro, filhos da Vivi; e Rodrigo, Arthur, Pauline e André, filhos da Sara.

Não estou falando apenas de teoria, mas sim de uma das práticas mais significativas de nossas existências. De um lugar de fala que cada um de nós alcançou após passar por diversas situações que você também vivencia e responder a muitas das dúvidas e questionamentos que você tem hoje. De uma trajetória na qual cada um de nós ainda está aprendendo e praticando, dia após dia.

Com a soma de aprendizados com os nossos dez filhos – cada um com o seu próprio padrão comportamental –, eu, Vivi e Sara aprendemos muito sobre maternidade, comportamento, nutrição sociocomportamental e emocional, família e, claro, sobre a unicidade de cada um dos nossos filhos.

E é esse conhecimento, essa experiência e esse aprendizado que tivemos com as pessoas mais importantes de nossas vidas que nós três queremos compartilhar com você e com a sua família.

Vamos juntos?

Filhos são únicos e, por isso, possuem necessidades igualmente únicas. Para atender a essas necessidades e ajudá-los a crescer felizes e fortes, é indispensável conhecer suas respectivas identidades.

capítulo 1:
filhos não vêm com manual, e o que funciona com um nem sempre vai funcionar com o outro

viviane veiga távora

A maternidade e a paternidade são, de fato, um dos papéis mais subjetivos do ser humano. E tanto quanto são um papel subjetivo, também são determinantes na sociedade.

Você já deve ter experimentado, na sua prática diária como mãe ou pai, tudo o que o Paulo nos trouxe na introdução deste livro. Você é um ser único, sua criança é um ser único e é essa composição de pais e filhos que torna esse papel tão subjetivo.

Como poderíamos ter um manual sobre a forma correta de se educar todos os filhos de modo único se somos pais e mães diferentes e temos filhos e filhas também diferentes de nós?

No livro *Educar, amar e dar limites: os princípios para criar filhos vitoriosos*,[2] Paulo e Sara nos trazem tudo que precisamos saber para promover a melhor educação emocional dos nossos filhos, de maneira universal e abrangente. No box a seguir, a CEO da Editora Gente fala um pouco sobre a proposta desse livro, que se tornou um dos mais vendidos do gênero no país:

> A proposta de *Educar, amar e dar limites: os princípios para criar filhos vitoriosos* está longe de ser um manual de instruções – o que definitivamente não existe quando se trata de criar filhos. [...] Paulo Vieira, um dos mais conceituados coaches do país, e Sara Braga, pedagoga com mais de vinte anos de experiência, mostram alguns pilares para ajudá-lo nessa jornada cheia de obstáculos, porém, incalculavelmente gratificante, que é educar.
>
> Rosely Boschini

Agora, com **Decifre e fortaleça seu filho**, queremos ajudar você a personalizar esses pilares e fundamentos, tornando a eficácia ainda maior ao criar um "manual" único e personalizado de cada filho, formando a combinação entre pai, mãe e filhos mais perfeita que existe: a do amor!

O fato de que, realmente, não existe um "Manual geral sobre como educar filhos e filhas" muitas vezes nos leva para o outro lado, polarizando o pensamento

---

2   VIEIRA, P.; BRAGA, S. **Educar, amar e dar limites:** os princípios para criar filhos vitoriosos: Tudo que você precisa saber para promover a melhor educação emocional para seus filhos na 1ª infância e sempre. São Paulo: Gente, 2021.

de que se não existe manual, podemos fazer como quisermos, conforme o instinto indicar, sem precisar recorrer a especialistas ou teorias.

Preciso dizer que existe, sim, o instinto materno e paterno e que ele é extremamente importante, sobretudo para a sobrevivência física, proteção, segurança e para as questões mais básicas e primitivas da existência humana. Mas não basta o instinto como a maioria dos pais e mães acreditam.

É justamente nesse ponto em que se iniciam nossos conflitos e dores no dia a dia. Porque nem sempre nosso instinto é suficiente para lidarmos com questões complexas do ser humano, como os comportamentos, as motivações e a personalidade.

Quantas vezes nos sentimos frustrados, perdidos e culpados justamente por acreditarmos que deveríamos ter em nós todas as respostas sobre educação dos nossos filhos? Quantas vezes queremos resolver as coisas por instinto, sem encontrarmos caminhos?!

UM PEDIDO DE AJUDA A OUTROS INSTINTOS

Alguns de nós se calam e sofrem; outros procuram ajuda, confiando que no instinto de uma mãe ou pai que enxergamos como bem-sucedidos possa haver as respostas que não encontramos em nós mesmos.

Você provavelmente já buscou ajuda de uma amiga que admira como mãe, ou de um parente que admira como pai, obedeceu a todas as indicações recebidas e, mesmo assim, não conseguiu os mesmos resultados que ele na resolução do problema. Até mesmo ao comparar um filho com o outro você pode ter sentido os impactos da realidade de que não existe fórmula pronta para educar os filhos.

Eu mesma, Vivi, tenho dois filhos em idades completamente diferentes: Matheus, atualmente com 24 anos, e Pietro, que tem 2. Além da enorme diferença de idade entre eles, o que faz com que tenham uma mesma mãe completamente diferente, eles são únicos, e o que funcionou com o mais velho não necessariamente funciona com o mais novo – e vice-versa.

Como poderíamos ter um manual sobre a forma correta de se educar todos os filhos de modo único se somos pais e mães diferentes e temos filhos e filhas também diferentes de nós?

Se você tem dois filhos, ou tem um filho e conhece ou convive com outra criança, pode perceber uma certa semelhança – ou justamente uma grande diferença – com uma das histórias que eu vou contar a seguir sobre como eu fazia o Matheus dormir, muitos anos atrás, e como eu faço o Pietro dormir hoje.

Matheus era uma criança bastante comunicativa, sempre gostou muito de contato físico e, até uma certa idade, gostava de dormir no colo. Era preciso niná-lo para que dormisse.

Essa memória de que crianças gostam de ser ninadas para dormir ficou registrada nos meus saberes de mãe. E eu tinha a expectativa de que o mesmo seria necessário com Pietro, principalmente porque, nos primeiros meses de vida, foi isso que aconteceu.

Após o ritual do sono do Pietro, eu o amamentava e ninava até dormir. Isso aconteceu até ele ter cerca de 1 ano e 1 mês.

Em uma noite, Pietro, que estava deitado no meu colo, apontou para o berço e balbuciou "beço", indicando que queria ir para o berço. Eu estranhei, meu coração apertou um pouco e me senti até um pouco rejeitada por ele estar indicando que queria dormir sozinho, mas o coloquei no berço. Ele ficou um tempo brincando deitado, rolando de um lado para o outro. Toda vez que eu tentava pegá-lo para ninar, ele chorava e falava "beço".

Entendi, naqueles poucos segundos, o que, em teoria, eu já sabia: Pietro e Matheus são únicos.

Naquele momento, Pietro estava apenas manifestando o desejo de independência (que veio precocemente, comparado ao do irmão) na hora de dormir. Mas Pietro é diferente do irmão, são perfis diferentes, com necessidades diferentes. E, desde então, em quase 100% das noites e dos dias, nos horários de soneca, Pietro dorme sozinho.

Se pensarmos somente nessa minha combinação MÃE ÚNICA (aos 18 anos) do MATHEUS ÚNICO + MÃE ÚNICA (aos 40 anos) do PIETRO ÚNICO, eu teria que ter um instinto muito personalizado, indo contra a própria definição de instinto:

> **Instinto**[3]
>
> *substantivo masculino*
>
> 1. Impulso interior que faz um animal executar inconscientemente atos adequados às necessidades de sobrevivência própria, da sua espécie ou da sua prole;
> 2. Impulso natural, independente da razão, que faz o indivíduo agir com uma finalidade específica.

Não conseguir reconhecer o quanto nossos filhos são únicos e exercer práticas a partir disso, fazendo com que apenas o instinto para educá-los não nos seja suficiente, não nos causa somente frustração, culpa e desespero; pode causar também muitos danos na identidade, no senso de capacidade e no sentimento de merecimento dos nossos filhos, com prejuízos que podem afetar o desenvolvimento cognitivo e emocional da criança.

Isso porque é na infância, fase do desenvolvimento determinante para o ser humano, que se formam as crenças sobre si mesmo, sobre o que é capaz de fazer e sobre o que merece.

O QUE SÃO AS CRENÇAS E COMO ELAS PODEM DETERMINAR O FUTURO DOS NOSSOS FILHOS

A forma como você educa seu filho está diretamente ligada ao adulto que ele se tornará. A comunicação verbal e não verbal, e tudo aquilo que ele vê, escuta, sente e pensa na infância, o tornarão um adulto feliz e forte emocionalmente, ou não.

Cada memória registrada pelo cérebro é envolta de sentimentos variados (segundo a escala de sentimentos primais, amor e ódio) e de significado

---

[3]   INSTINTO. *In*: DICIO, **Dicionário Online de Português**. Porto: 7Graus, 2021. Disponível em: https://www.dicio.com.br/instinto/. Acesso em: 1 set. 2021.

(positivo ou negativo). Essas atribuições são dadas à memória de acordo com o que vemos, ouvimos, sentimos e pensamos.

Os significados e os sentimentos não estão necessariamente atrelados. É possível preservar memórias com significados positivos e sentimentos negativos e vice-versa.

É a partir da memória – e de seu respectivo significado e sentimento –, armazenada nas sinapses, que as crenças[4] são formadas. Esse processo ocorre em milissegundos e é fundamental para definir quem somos e o que podemos ser. Assim como estudado no Método CIS©, tanto nosso comportamento como nossa qualidade de vida, no geral, são determinados pelas crenças que carregamos.

E o que são as crenças que determinam a qualidade da vida nos nossos filhos?

Segundo Paulo Vieira,

crenças são programações mentais aprendidas ao longo da vida com base no que vimos, ouvimos e sentimos sob forte impacto emocional ou por repetição. São as nossas verdades e convicções, através das quais enxergamos a nós mesmos, os outros e o mundo. Nossas crenças influenciam diretamente nossas decisões, nossos comportamentos, nossas atitudes e, consequentemente, determinam nossos resultados e nossa qualidade de vida.[5]

Essas crenças possuem uma hierarquia de importância nas nossas vidas, e são apresentadas na pirâmide a seguir, que chamamos de Pirâmide do Indivíduo:

---

4   Crença é toda programação mental (formação de sinapses neurais) adquirida como aprendizado ao longo dos anos que determina os comportamentos, as atitudes, os resultados, as conquistas e a qualidade de vida, conforme veremos mais adiante.

5   VIEIRA, P. **Poder e alta performance**: o manual prático para reprogramar seus hábitos e promover mudanças profundas em sua vida. São Paulo: Gente, 2017. p. 75.

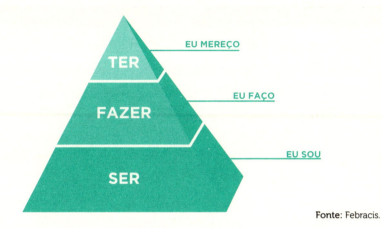

Fonte: Febracis.

As crenças de identidade estão relacionadas ao senso de valor do indivíduo, isto é, a "quem sou". Já as crenças de capacidade estão relacionadas ao que a pessoa acredita ser capaz de fazer – em outras palavras, "eu faço". Por fim, as crenças de merecimento estão relacionadas ao que a pessoa acredita ser merecedora – "eu mereço" –, conforme apresentado na ilustração anterior.

As crenças de identidade, formadas a partir das memórias de identidade, são as mais importantes para o crescimento feliz e emocionalmente saudável do seu filho. Por isso, é fundamental que você, como pai ou mãe, fortaleça esse tipo de crença nele, proporcionando experiências e memórias que farão essa criança se sentir única e acolhida.

Eu vou contar a você um pouco da minha história e como meus pais e familiares, mesmo me amando profundamente, mas sem ter acesso ao conhecimento que você tem hoje nas mãos, me proporcionaram memórias que geraram crenças de identidade extremamente negativas.

Mas quero fazer isso de uma forma diferente, mostrar a maneira que encontrei de me curar, de curar a minha criança interior, de dizer para a Vivi pequena que ela pode se permitir ser quem ela é, e que é amada como ela é, mesmo que seus pais não a tenham tratado como um ser único, com necessidades únicas de comunicação e com a valorização das suas características únicas.

VIVI E O TEMPO

O Universo é um lugar tão grande, mas tão grande, que nenhuma régua consegue medir.

O Menino-Tempo nasceu dentro de um ovo, bem no meio do Universo.

O ovo girava e girava pelo Universo, levando dentro dele o Menino-Tempo.

De tanto girar, o ovo bateu no Sol; na Terra e na Lua, que viviam sozinhos num canto do Universo.

Com o impacto, os três começaram a dançar juntos, numa dança tão bem dançada, que fez o ovo cair no meio do Planeta Terra, quebrar e fazer o Menino-Tempo sair.

O Menino-Tempo saiu, com um livro nas mãos. Um livro chamado "Como fazer as coisas no Planeta Terra".

Ele achou curioso aquele objeto, mas também achou bom, porque nunca tinha vivido fora do ovo.

Agora, você pode estar se perguntando como eu sei de tudo isso. E eu te digo: o Menino-Tempo me contou!

Logo que saiu do ovo, com o manual do Planeta Terra nas mãos, o Menino-Tempo planejou, com detalhes, fazer tudo que estava escrito e desenhado ali.

Primeiro, ele criou os segundos:

Juntou 60 segundos e criou o minuto.

Juntou 60 minutos e criou a hora.

Juntou 24 horas e fez o dia.

Juntou 7 dias e fez a semana.

Juntou 30 dias e fez o mês.

Mas teve momentos em que ele foi interrompido e criou, sem querer, um mês com 28 dias.

E teve, também, momentos em que ele se empolgou tanto que criou alguns meses com 31 dias.

Ele juntou 365 dias, 12 meses, e fez o ano.

Mas teve uns momentos em que ele se atrapalhou – o que era muito raro – e fez um ano com 366 dias, mas que ainda tinha 12 meses.

Ufa! Como o Menino-Tempo trabalhou!

O trabalho do Menino-Tempo durou anos, décadas, milênios, eras... Antes de chegar o dia do meu nascimento.

E, quando eu nasci, o Menino-Tempo estava lá para registrar o dia, o mês, o ano, as horas, os minutos e até os segundos.

Foi assim que ficamos amigos.

Vocês também são amigos?

Pergunte ao adulto que cuida de você qual foi o dia, o mês, o ano, as horas, os minutos e os segundos em que você nasceu.

Se ele souber pelo menos o dia e o mês do seu nascimento, eu afirmo: o Menino-Tempo estava lá e é seu amigo também. Oba!

Quando eu nasci, o Menino-Tempo jogou em mim um pó de pirlimpimpim.

Esse pó faz com que eu me lembre só de algumas coisas do tempo que eu era criança.

Tanto que esqueci até que o Menino-Tempo era meu amigo.

Você também esqueceu que ele é seu amigo?

Se esqueceu, eu garanto: você também recebeu o pó de pirlimpimpim.

O pó de pirlimpimpim é fino, transparente e pesado. Ele empurra nossas memórias bem lá para o fundo, em um lugar chamado inconsciente, que fica dentro da cabeça da gente.

Por isso, quando ficamos adultos, não lembramos de tudo de quando éramos crianças, só de algumas coisas.

E eu estava assim até o Menino-Tempo tirar o pó de pirlimpimpim de mim.

Hoje, quando eu acordei, senti umas cócegas nos olhos e chorei, chorei, chorei.

Um choro que parecia rio e tempestade, de tanta água e de tanto barulho.

E sabe quem apareceu?

O Menino-Tempo!

Ele retirou de mim o pó de pirlimpimpim e eu lembrei que ele era meu amigo, que ele estava comigo no dia em que nasci e mais um saco bem grande de coisas que aprendi com ele quando era criança.

Filhos não vêm com manual... **33**

O Menino-Tempo me explicou que eu precisava lembrar que sabia direitinho como secar o rio e diminuir a tempestade dentro de mim.

E enquanto eu me lembro de tudo, escrevo este livro para poder guardar para sempre tudo que ele me ensinou. Se você quiser, pode guardar também!

Quando eu era criança, os adultos me chamavam por apelidos como "exibida", porque eu gostava muito de aparecer e era falante.

Os adultos não sabiam, mas eu não gostava de ser chamada por apelidos.

Eu queria mesmo era parecer com alguém que fosse delicada, falasse baixo e gostasse de roupas bem clarinhas.

O Menino-Tempo me lembrou que, quando me chamavam de "exibida" (e ficava triste), eu lia um livro que mostrava como uma menina era bem quietinha, delicada, com roupas clarinhas, mas queria "falar pelos cotovelos", como eu.

Depois que eu li esse livro, até comecei a gostar mais do jeito que eu falava e entendi que cada pessoa é de um jeito e que isso é muito legal.

Mas eu tinha outros apelidos também: "brava", "irritadinha", "mandona", "general"...

Quase todo mundo me chamava por um deles quando eu era criança.

Para não ser "brava", "irritadinha", "mandona" e "general", eu comecei a ficar mais calada, quase enrolada para o lado de dentro.

E quando eu me enrolava para o lado de dentro, eu ficava triste, chorava uma cachoeira e inundava tudo.

Inundar é quando um lugar fica cheio de água até não ter espaço para o ar.

Como não tinha ar, eu ficava sem respirar, e para voltar a respirar, eu lia um livro, parava de chorar e voltava a ser chamada de "brava", "irritadinha", "mandona", "general"...

Mas só de vez em quando, porque quando eu estava lendo os livros, eu era outras coisas.

Eu conhecia tantos mundos diferentes nos livros que lia, que eu achava que sabia tudo, tudinho.

O Menino-Tempo me lembrou que foi lendo um livro que eu descobri que precisava de outras pessoas também.

Porque eu encontrei uma palavra tão diferente que não conseguia entender. Então, pedi ajuda do meu pai e da minha mãe para saber que palavra era aquela.

E todos nós juntos procuramos no dicionário o significado dela.

Depois, olhamos na enciclopédia e conversamos sobre a palavra e o que estava escrito no livro.

A palavra diferente era "cooperação" e, na época, eu entendi assim: fazer junto para fazer algo bom.

Até que foi divertido!

Mas a lembrança mais divertida que o Menino-Tempo me trouxe foi de quando eu precisei encontrar um livro no meu quarto e não achei por causa da bagunça.

Divertido agora, né? Porque, naquele dia, foi mesmo desafiador.

Era o último dia para devolver o livro na biblioteca e, se eu não devolvesse, a bibliotecária ia me deixar de castigo por uns dias, sem poder ler.

E eu não achei. E fiquei de castigo. E todo dia comecei a tentar arrumar meu quarto, meus livros, meus cadernos e meus brinquedos, igual meu irmão fazia.

Porque ele nunca perdia um livro, um caderno ou um brinquedo dentro do nosso quarto. Nunquinha.

Por falar em quarto, o meu tinha uma cortina muito legal, com listras azuis e roxas. E as camas combinavam. A minha cama era tão boa, macia e quentinha.

E por falar em cama, já está bem tarde agora. Meus olhos estão querendo fechar, mesmo eu não querendo ir dormir.

O Menino-Tempo me explicou que, quando eu acordar, ele vai ter jogado em mim o pó de pirlimpimpim de novo, eu não vou me lembrar de mais nada e vou até achar que inventei esse livro.

Mas é verdade... É tudo verdade!

Vou escrever um bilhete para mim:

"Vivi, por favor, acredite em tudo que você escreveu aqui.

Não ria, acredite!

Isso tudo aconteceu. O Menino-Tempo existe e, também, o pó de pirlimpimpim.

Acredite, Vivi."

O rio que eu chorei antes de o Menino-Tempo tirar de mim o pó de pirlim-pimpim secou. A tempestade parou e o céu ficou limpinho.

Mais uma vez, o meu amigo Menino-Tempo me ajudou. E eu acredito em tudo que escrevi neste livro.

E você?

Aponte a câmera do seu celular para o QR Code ao lado ou acesse https://bit.ly/vivieotempo e baixe a versão digital ilustrada para que você possa ler com seus filhos também!

Este livro é uma ferramenta, um instrumento, uma oportunidade para que seu filho não precise escrever um texto literário para se curar, porque certamente ele terá um pai e uma mãe que decidiram, hoje, reconhecer o quanto ele é único. Ao finalizar estas páginas, você será capaz de decifrá-lo, contribuindo efetivamente para que ele cresça feliz e forte emocionalmente.

Mesmo se seu filho for mais velho, leia esta obra sem culpa, porque sempre é tempo. Eu conheci tudo que você conhecerá aqui quando meu filho mais velho já tinha 18 anos. É possível. Vai exigir de você um pouco mais de esforço, mas é possível.

A forma como você educa seu filho está diretamente ligada ao adulto que ele se tornará.

capítulo 2:
frustração,
desespero,
raiva, culpa...
há algo
fazendo você
sentir que
está errando

sara
braga

"Criar filhos não é uma ciência exata, é uma experiência criativa."[6]

Luiz Lobo

Já diz o ditado popular: "quando nasce uma mãe, nasce uma culpa". Mas será que é (ou precisa ser) assim mesmo? Eu sei, ter uma vida sobre a sua guarda pode parecer assustador! O medo do desconhecido, o arrependimento pelos erros cometidos ao longo do desenvolvimento do seu filho, a frustração de não viver a maternidade (e a paternidade) nas circunstâncias que você sempre sonhou... São inúmeros os desafios de se tornar, em um primeiro momento, o principal responsável pela vida de alguém.

A chegada de uma criança é realmente algo muito significativo. E pode se dar em diversas situações, de maneira planejada ou não. Você consegue se lembrar de como foi quando descobriu que estava grávida ou quando soube que seria pai? Existem algumas narrativas comuns entre os pais nesse período gestacional, as quais listei a seguir. Veja se você se identifica com alguma delas:

- Estou no início da minha vida acadêmica/profissional e descobri que seremos pais, e agora?
- Éramos só namorados (ou foi só um encontro) e aconteceu!
- Estávamos recém-casados e não planejávamos ter filhos tão cedo, mas, de repente, ele veio!
- Não tinha saúde/idade para engravidar. Achei que nunca teria filhos. Mas engravidei!
- Não me sentia preparado(a) para ser pai/mãe e, de repente, o bebê veio!
- Estava sem condições financeiras/emocionais para ter um filho, mas ele chegou...
- Eu sonhava em ser mãe e, quando descobri que estava grávida, meu sonho se realizou!

---

6 LOBO, L. **Escola de pais**: para que seu filho cresça feliz. Rio de Janeiro: Lacerda Editores, 1997.

- **Planejei tudo para a chegada do meu bebê. Deixamos tudo pronto para quando ele viesse e, então, engravidei...**
- **Tentei por muitos anos engravidar e não conseguia, e então aconteceu esse milagre em minha vida...**

Poderia aqui elencar várias outras narrativas comuns a muitos pais e mães, mas seja qual for a circunstância em que a sua criança chegou ao mundo, é inevitável sentir, nem que seja por um momento, alguma dose de frustração, impaciência, insegurança, medo, angústia, desespero, raiva ou culpa.

Afinal, a maternidade ou a paternidade é uma missão repleta de responsabilidades. Constantemente, precisamos tomar decisões, sejam elas pequenas ou grandes, com menor ou maior impacto no desenvolvimento da criança, decisões que vão desde a escolha do cônjuge até a educação propriamente dita. Se antes, como adultos independentes, as nossas decisões poderiam ter consequências para nós mesmos, parentes e cônjuges, agora envolvem uma vida que nós colocamos no mundo.

Durante a gestação, temos que fazer diversos questionamentos como: *De que forma vou me alimentar? Que cuidados com a saúde vou ter? Como organizarei a casa e a dinâmica familiar para a chegada do bebê? Onde vamos morar?*

Em seguida, o bebê nasce e passamos a nos responsabilizar por sua nutrição, sono, bem-estar, estimulação, escolarização e lazer. Essa experiência certamente vem repleta de acertos, mas também de erros inevitáveis, que por sua vez podem gerar insegurança, medo, culpa, aflição ou angústia.

Dou alguns exemplos: a frustração por não conseguir uma comunicação assertiva, o desespero e a sensação de estar errando por não saber lidar com a personalidade e as diferenças do filho, a raiva por repetir o padrão daquilo que viveu e aprendeu na infância, mesmo após afirmar que não faria a mesma coisa quando tivesse a sua própria família; a culpa por não se sentir uma boa mãe, um bom pai. Não se trata apenas de sentir ou não, mas de aprender a gerir seus próprios sentimentos para educar os filhos de maneira mais assertiva.

O QUE A SUA GESTÃO EMOCIONAL TEM A VER COM SEUS FILHOS?

Nós, seres humanos, temos a tendência de acreditar que existem emoções boas e emoções ruins. E não é à toa! Desde pequenos aprendemos a "engolir o choro", a "deixar de ser fraco", a "parar de ter medo", a "deixar de ser mole", a "deixar de ser abusado", a "deixar de besteira" e por aí vai. Logo, o medo, a tristeza, a raiva e o nojo tendem a ser reconhecidos como sentimentos a serem evitados. Mas será que eles são de todo ruins?

A palavra "emoção" vem do latim *ex movere* e significa "mover para fora". Logo, o que sentimos nos leva a tomar certas decisões e desempenhar certas ações e reações.

Por exemplo, a tristeza permite ao indivíduo refletir sobre os acontecimentos e sobre os seus pensamentos, comportamentos e emoções. A alegria motiva a ação. A raiva auxilia na busca pelo direito, pela justiça e pela conquista de desejos e de objetivos. O medo gera a prudência, em prol da proteção, do bem-estar e da integridade física e psíquica. O nojo impede o indivíduo de ser contaminado e de escolher ambientes ou alimentos que possam colocar em risco a própria saúde. Também são esses sentimentos que nos auxiliam a nos diferenciarmos enquanto indivíduo, uma vez que nos permitem selecionar comportamentos e hábitos que se enquadram ou não em nossos princípios e valores.

Desse modo, se lidamos com os sentimentos de maneira positiva, eles se tornam nossos guias e nos levam a tomar decisões e a agir de maneira assertiva. Assim, a vida flui. No entanto, quando há o exagero em qualquer um desses sentimentos ou a dura repressão deles, podemos estar caminhando para uma séria disfunção.

De um modo geral, podemos classificar o medo em três tipos: reflexo, alerta e patológico. O medo reflexo gera uma reação rápida e instantânea diante de uma situação inesperada e que pode remeter a algum perigo, como quando uma pessoa está em um ambiente silencioso e uma porta bate repentinamente por causa do vento. Ou quando, em uma noite chuvosa, ela escuta um forte trovão. Nesses casos, o indivíduo entra em um estado de sobreaviso e tem uma reação rápida, mas, ao verificar que não se trata de um perigo real, retorna ao seu estado anterior.

Frustração, desespero, raiva, culpa... há algo fazendo você sentir que está errando

O medo alerta, por sua vez, é responsável por nos proteger ou nos precaver de situações que apresentariam um risco. É o que faz um indivíduo preferir uma rota mais longa, porém mais segura e iluminada, a um atalho escuro e menos movimentado. Ou, ainda, se preparar para os questionamentos de uma entrevista de emprego em que deseja ser aprovado. Já o medo patológico está geralmente associado a situações traumáticas, levando a pessoa a aumentar demasiadamente seus níveis de ansiedade ou mesmo até passar por momentos de paralisia. Ela já não escolhe mais fugir ou lutar, mas paralisa. É como se o cérebro entendesse que não será capaz de lidar com a situação, então não age.

Na escola em que eu trabalhava, por exemplo, encontrei famílias cujos pais apresentavam medo excessivo de a criança se machucar. A ansiedade era tanta que chegavam a ponto de evitar que ela andasse, se movimentasse e brincasse de modo satisfatório; sentiam medo de que ela chorasse e sentisse qualquer dor ou frustração, e buscavam, a todo momento, suprir seus desejos sem que a criança precisasse sequer manifestá-los.

Como consequência disso, os filhos não sabiam vestir a própria roupa, calçar os sapatos, alimentar-se com autonomia, mesmo já estando em idade adequada para desenvolver tais atividades. Na vida escolar, isso, muitas vezes, se refletia em atrasos de linguagem, disfunções emocionais e comprometimentos motores que não tinham origem cognitiva, mas sim emocional e social. Afinal, para que falar e expressar seus desejos se tudo lhes era dado a tempo e com facilidade? E ainda, como desenvolver habilidades físicas e emocionais sem ter a oportunidade de agir, tentar e se frustrar?

Não me resta dúvida de que esses pais amam os filhos. Mas percebo que, por não desenvolverem uma consciência adequada sobre a educação deles, cometem muitos equívocos. Como o caso anterior, no qual os pais fazem inúmeros sacrifícios buscando proporcionar o melhor para a criança, mas acabam por comprometer o desenvolvimento motor, emocional e linguístico do filho.

Outra emoção que encontro comumente em pais e mães e que os impede de avançar e de ser melhores para os filhos é a culpa. Ao se culpar, o indivíduo torna-se o seu principal acusador. E o sentimento os faz sentir cada vez piores

Se lidamos com os sentimentos de maneira positiva, eles se tornam nossos guias e nos levam a tomar decisões e a agir de maneira assertiva.

e mais incapazes. Assim, ferem o que têm de mais precioso: a crença positiva que possuem sobre si mesmos. Como ser um(a) pai/mãe melhor se comunica a todo instante que não sabe fazer nada direito? Que é o/a culpada pelos insucessos ou pelos fracassos dos filhos? Que o filho de fulano é melhor que o seu porque ele foi bem educado e o seu não? Que é o responsável por colocar seu filho no mundo – como se isso fosse algo ruim?

Portanto, enquanto houver culpa, possivelmente não haverá avanços, apenas retrocessos. A culpa, essa acusação e rigidez intransigente que o indivíduo tem com ele mesmo, faz com que ele permaneça no mesmo lugar ou o torna pior a cada dia. Assim, as chances de insucesso durante a educação dos filhos só aumentam. Logo, o excesso de medo e de culpa impede a família de perceber a real necessidade do filho e de comunicar amor de maneira assertiva, em atos, palavras e ações.

A culpa nos faz caminhar olhando para o passado, enquanto o arrependimento sincero e a decisão de fazer diferente nos faz agir projetando aonde, de fato, queremos chegar.

O grande desafio é que a maior parte de nós não foi educada para gerir de maneira assertiva os próprios sentimentos. Consequentemente, passamos a esconder dos outros e até de nós mesmos muitas das nossas emoções. A falta de consciência que os pais têm sobre si mesmos reflete, diretamente, na relação que têm com os filhos e na forma como conduzem a educação deles.

Portanto, educar os filhos para que se tornem felizes e fortes emocionalmente requer administrar as próprias ansiedades, conflitos, resistências e dificuldades. Ser pai ou mãe é buscar superar diariamente os desafios pessoais que o impedem de alcançar um relacionamento saudável ou favorável com os seus filhos. Muitas vezes, o incômodo dos pais em relação aos filhos é apenas reflexo de questões internas que não estão bem resolvidas.

Desse modo, a busca pelo autoconhecimento é um caminho eficaz para desenvolver inteligência emocional, que, de um modo geral, refere-se à nossa capacidade de tirar o melhor de nós e dos que estão ao nosso redor. Agindo assim, seremos referência para os nossos filhos, que verão em nós alguém em quem se espelhar. Portanto, quanto melhor lidarmos com os nossos próprios conflitos e sentimentos, maior será a probabilidade de que nossos filhos também sejam bem-sucedidos ao lidar com as suas emoções, uma vez que aprenderão com nosso exemplo.

FILHOS SÃO ÚNICOS

Em geral, as pessoas tendem a aprender desde cedo que precisam estudar anos para ter uma profissão e para ganhar dinheiro. Mas poucos são aqueles que dedicam o mesmo esforço para cumprir a missão mais nobre e valiosa de suas vidas: educar os filhos.

Muitos incorrem no erro de achar que educar filhos é algo meramente instintivo ou aprendido somente com base na experiência de tentativa e erro. Ou ainda acreditam que vão ser capazes de educar os seus filhos à base do "faça o que eu digo, mas não faça o que eu faço". Agindo desse modo, não é surpresa quando dificilmente obtêm sucesso. Você quer educar filhos para que se tornem felizes e fortes emocionalmente? Esteja aberto a refletir sobre suas emoções e ações. Mude e tudo à sua volta vai se transformar.

Seu filho é único e precisa ser olhado como uma pessoa única, individualizada e com reações próprias. Ele não merece ser educado como os outros ou apenas com base no instinto e na experiência. Ele merece o melhor de você e o melhor da vida.

Toda criança tem direito de ser feliz, e para isso ela depende, fundamentalmente, dos seus pais. A criança precisa de afeto, atenção, estímulo e auxílio para desenvolver as próprias potencialidades.

Ser mãe ou ser pai de verdade requer a capacidade de perceber as muitas crianças que há no(a) seu(sua) filho(a), e como elas vão mudando à medida que vai crescendo e vivendo, aprendendo e desenvolvendo suas peculiaridades.

Por muito tempo eu deixei que a educação que recebi dos meus pais interferisse na forma como educo os meus filhos. E, assim como você, adquiri algumas crenças com base no que eu vi, ouvi e senti e isso me fez cometer muitas falhas. Uma delas foi achar que o mais justo era tratar os meus filhos da mesma maneira. No momento em que os tratei todos iguais, alguns se sentiram amados

Frustração, desespero, raiva, culpa... há algo fazendo você sentir que está errando **45** e importantes, mas outros interpretaram como uma forma de abandono, desprezo ou indiferença.

Há alguns anos, eu e meus quatro filhos fomos ao show da banda Jota Quest. Eles eram fãs do grupo e estavam muito entusiasmados por esse momento. Fomos a uma área vip, onde eles ficariam mais seguros e poderíamos desfrutar melhor do evento. Eles cantaram, dançaram, foi aquela festa. Porém, na hora de retornar para casa, nosso carro apresentou um problema mecânico. Imediatamente, meu sobrinho, que também estava lá com a esposa, se prontificou a nos levar de volta para casa. Eu e meu esposo não pensamos duas vezes: decidimos que eu aceitaria a carona e retornaria com nossos filhos, enquanto ele permaneceria no local para resolver a situação com o carro. Bom, não sei se você fez a conta, mas naquela ocasião foi necessário distribuir três adultos e quatro crianças no carro. Assim, meu sobrinho entrou no banco do motorista, os meus filhos maiores sentaram no banco de trás com a esposa do meu primo e eu disse ao meu filho André, que tinha por volta de 5 anos, que ele viria comigo na frente. E qual não foi a reação dele? Ele simplesmente ficou imóvel, sem querer entrar no carro, repetindo inúmeras vezes: "Crianças menores de 10 anos não podem andar na frente". Depois de tanto repetir, olhei fundo nos olhos dele e, de modo mais firme, falei: "André, entre no carro, nós estamos na rua, é importante que você entre".

Percebe como cada um é único? Enquanto outras crianças poderiam ter facilmente concordado e aproveitado o momento de ir na frente, perto da mãe, meu André, apesar da pouca idade, já dava pistas de um perfil mais analítico e ligado a regras. Ali, eu começava a questionar aquela crença de que eles eram todos iguais, pois percebia que cada um, apesar da pouca idade, começava a dar pistas do seu perfil que, lentamente, ia se configurando.

Eu, às vezes, por ter um perfil diferente daquele do André, não o compreendia, e por isso desprezava ou não valorizava determinadas características que eram próprias do seu perfil. Características que, se bem desenvolvidas, em vez de uma fraqueza, se tornariam uma fortaleza, reforçando sua identidade única e extraordinária.

O tempo passou, conheci o Coaching Integral Sistêmico e, posteriormente, o CIS Assessment, e pude comprovar que meu filho possui perfil "Conforme". Hoje ele estuda Engenharia Elétrica, que requer muito cálculo, foco e concentração, características típicas do seu perfil.

Por isso, sempre digo que se o gênio da lâmpada aparecesse, um dos meus pedidos seria uma máquina do tempo na qual eu pudesse entrar e voltar para a infância dos meus filhos, para alterar tudo aquilo que eu gostaria que fosse diferente, reagir a situações a partir da consciência que tenho hoje. Acredito até que você, leitor, possivelmente se identificará com esse desejo. O arrependimento faz parte da existência humana, já que a nossa consciência vai se modificando ao longo do tempo, mudando a nossa forma de pensar e o nosso desejo de agir sobre o mundo.

O fato é que não podemos voltar ao passado. E, portanto, viver o presente se projetando no passado é um mero desperdício. O único momento no qual podemos agir é o presente, este instante que foge veloz e que tende a ser desperdiçado pelo mau hábito de insistir em olhar para o passado ou para o futuro em vez de desfrutar do momento atual.

Portanto, pai ou mãe, permita-se acolher as suas emoções. Liberte-se da culpa, do medo patológico e dos sentimentos que o impedem de agir de maneira assertiva. Desapegue-se do que passou e utilize o seu passado somente como um aprendizado. Projete-se em sua melhor versão de pai e mãe e decida plantar no presente as sementes que farão você colher os frutos que deseja no futuro. É claro que isso não acontece do dia para a noite, trata-se de um trabalho diário. Permita-se viver o processo. Recomece, persevere e não pare no meio do caminho.

Para materializar a sua visão positiva como pai ou mãe, convido você a desenhar no quadro a seguir. Com a maior riqueza de detalhes possível, crie uma imagem que o retrate vivendo a sua melhor versão de pai, mãe, responsável. Desenhe-se educando seus filhos com saúde e força emocional:

Frustração, desespero, raiva, culpa... há algo fazendo você sentir que está errando

Muitas vezes, o incômodo dos pais em relação aos filhos é apenas reflexo de questões internas que não estão bem resolvidas.

**capítulo 3:
você pode
montar o
manual
personalizado
do seu filho...
e escolher
acertar a partir
de hoje**

viviane
veiga
távora

COMO FILHOS E ALUNOS

Gosto muito do estudioso e pesquisador em educação Maurice Tardif, líder de uma série de pesquisas acerca de saberes dos educadores e como eles os utilizam na prática do dia a dia.

Após ler exaustivamente algumas dessas pesquisas, compreendi ser totalmente possível fazer uma correlação entre o que ele encontrou como evidências sobre a forma como o professor se relaciona com seus saberes e a forma como nós, mães e pais, nos relacionamos com os nossos saberes e os praticamos com nossos filhos.

Tardif nos lembra do fato de que o professor passa mais tempo como aluno (durante sua vida escolar básica) do que quando vai, por exemplo, à universidade "aprender a ser professor". Como aluno, são cerca de dezesseis anos.[7]

O mesmo acontece conosco, pais e mães. Pois passamos mais tempo como filhos dos nossos pais do que como pais dos nossos filhos. Mas sobre isso falaremos de modo mais aprofundado nas próximas páginas.

O que mais gosto sobre os estudos de Tardif é justamente do fato de ele mencionar que, no ato de educar seus alunos, os professores recorrem a um conjunto de saberes previamente adquiridos. E isso tem total relação com o que nós, pais, fazemos no dia a dia da criação dos filhos.

Foi isso que fiz quando acreditei que deveria fazer o Pietro dormir somente ninando no colo. Aprendi que era assim que todas as crianças dormiam, tanto sendo filha dos meus pais quanto sendo mãe do Matheus.

Para sermos pais e mães, recorremos constantemente a uma série de recursos internos e externos que nos orientem sobre como agir nessa ou naquela situação, uma vez que não há um manual de instruções sobre como educar filhos para que sejam felizes.

Essa falta de uma fórmula mágica, ou jeito "certo" de educar, faz com que cada um de nós recorra ao que eu chamo de "saberes dos pais". Esses saberes são um conjunto de conhecimentos, competências e habilidades que nós, pais e mães, mobilizamos diariamente com nossos filhos. E eles têm fontes diversas.

---

[7]   TARDIF, M. **Saberes docentes e formação profissional**. 8. ed. São Paulo: Vozes, 2007.

A seguir, você vai encontrar uma breve demonstração de quais seriam alguns desses saberes e explicações de como os integramos em nossa prática diária como pais.

SABERES DOS PAIS	FONTES DE AQUISIÇÃO	MODOS DE INTEGRAÇÃO NA CRIAÇÃO DOS FILHOS
Saberes pessoais dos pais	A família, o ambiente de vida, a educação formal, os amigos, o local de trabalho	Pela história de vida, pelas crenças, pela maneira espontânea de reagir às situações do dia a dia
Saberes provenientes da vivência como filho	O relacionamento com os pais desde a primeira infância até a vida adulta	Pela visão de mundo, pela repetição parcial ou total de padrões, pelas reações menos pensadas
Saberes provenientes de alguma formação para pais e mães, como um curso sobre cuidados com recém-nascidos	Os cursos, os professores, os colegas de turma	Por ações pontuais na área do curso que fizemos, sobretudo no período subsequente à sua realização
Saberes provenientes dos livros lidos	Os livros, a aquisição de técnicas e conhecimentos específicos para necessidades pontuais	Pela utilização de ferramentas, teorias e conceitos para necessidades pontuais
Saberes provenientes de novas experiências práticas como pai ou mãe	A busca, na prática do dia a dia, por aprender pela experiência, seja de outros pais e mães muito próximos, seja por programas, serviços e produtos específicos	Pela prática diária, sobretudo quando há uma maior consciência e desejo de agir de maneira diferente

Saberes pessoais dos pais

O primeiro grupo de saberes é o que adquirimos com a vida, com nossas experiências e relacionamentos.

Nesse grupo, incluímos tudo que vivemos da infância até a vida adulta, mas excluímos os saberes que adquirimos como filhos dos nossos pais, por se tratar de um outro grupo de saberes.

Saberes provenientes da vivência como filho

Nós, pais e mães, antes mesmo de sermos oficialmente pais e mães, vivemos a experiência da maternidade e paternidade como filhos dos nossos pais por, em média, dezoito a vinte e cinco anos.

52 Decifre e fortaleça seu filho

E "esse saber herdado da experiência anterior é muito forte, persistindo através do tempo",[8] não conseguindo a maioria das outras formas de aquisição do saber modificá-lo, à exceção dos saberes adquiridos na prática. É o que Maurice Tardif identifica em suas pesquisas.

Saberes provenientes de alguma formação e dos livros lidos

O terceiro e o quarto grupos de saberes são os que adquirimos com estudos teóricos sobre maternidade, paternidade e assuntos correlatos. Aprendizados advindos de vídeos, cursos e livros.

Saberes provenientes das novas experiências práticas

Por fim, o quinto grupo de saberes engloba aqueles que adquirimos ao colocarmos em prática todos os outros.

São os saberes que adquirimos pela experiência. Seja essa experiência espontânea – ou seja, aquela que adquirimos no dia a dia com nossos filhos, como fazer a criança dormir – seja a experiência intencional, que vem por meio de programas práticos, treinamentos experienciais e workshops, aquilo que aprendemos na teoria, mas que experimentamos e colocamos em prática imediatamente.

Para Maurice, esse é o único grupo de saberes que conseguem modificar ou adaptar os saberes que adquirimos sendo filhos de nossos pais.

PAIS NATURAIS, APRENDIZES E RESETS

Diante dessas informações tão importantes, podemos visualizar três grupos ou categorias de pais e mães: naturais, aprendizes e resets.

---

8   TARDIF, M. *op. cit.* p. 20.

Pais naturais

Os pais e as mães naturais são aqueles com um conjunto de saberes que envolvem as duas primeiras categorias da tabela anterior: os saberes pessoais e os provenientes da vivência como filho.

Ou seja, são aqueles que entendem a maternidade e a paternidade como algo natural, meramente instintivo, replicável e sem necessidade de um aprofundamento teórico.

Os seus resultados serão proporcionais a esse conjunto de saberes, porque nós só oferecemos aquilo que temos, não é mesmo?

Eu não acredito que você se encaixe nessa categoria, uma vez que está lendo este livro. O fato de você estar buscando um conhecimento maior sobre como decifrar e fortalecer seu filho emocionalmente já tira você, quase que imediatamente, desse grupo de pais naturais.

Pais aprendizes

Eu chamo de pais aprendizes o segundo grupo, ou a segunda categoria, de pais e mães.

São pessoas que entendem que o seu conjunto de saberes iniciais não é suficiente, que reconhecem que algumas áreas da vida dos filhos requerem um conhecimento mais específico, sobretudo as que envolvem a preservação da vida, como alimentação, saúde e sono; ou, ainda, aquelas que envolvem cuidados cognitivos básicos como educação escolar, obediência etc.

Esses pais buscam outras fontes de saberes, como livros, cursos e vídeos específicos daquelas áreas em que querem melhorar ou aprender mais. Sendo assim, o conjunto de saberes dos pais aprendizes envolve, além dos saberes pessoais e dos provenientes da vivência como filho, os saberes oriundos de formação, como cursos, e livros.

Você, provavelmente, está ou nesta ou na próxima categoria que vou apresentar. Esse é um juízo de valor que só você pode fazer.

É possível, inclusive, estar em um momento de transição, ou desejar muito estar no próximo grupo, sem saber como fazer para ir até ele.

Pais resets

Os pais e mães resets são aqueles que têm consciência – por causa do que vivenciam no dia a dia – de que os saberes que têm não são suficientes para prepararem seus filhos para o futuro, para criar indivíduos fortes e felizes emocionalmente.

Eles também compreendem que os cursos e os livros teóricos não conseguem impactar os primeiros saberes, que são aqueles experienciados ao longo da vida, sobretudo os saberes adquiridos sendo filhos dos seus pais.

Esses pais resets, na sua maioria, não têm acesso a essa informação do pesquisador Maurice Tardif que apresentei a você, mas provavelmente são pais resets porque sentem uma inquietação interna de querer oferecer mais do que receberam.

Eles são pais e mães corajosos, que assumem a própria ignorância e têm a necessidade de gerenciá-la constantemente.

Por isso, o nome reset: porque entendem que precisam reiniciar constantemente seus processos de aquisição de saberes para renovarem suas práticas como pais e mães de filhos mais preparados para o futuro!

A diferença entre aprendizes e resets

O que diferencia os pais aprendizes dos pais resets é que, segundo Maurice Tardif, aprender por meio da experiência provoca um efeito de retomada crítica (retroalimentação) dos saberes adquiridos anteriormente.[9] É o que você vai aprender nos próximos capítulos!

A experiência filtra e seleciona os outros saberes, permitindo, assim, que os pais revejam seus saberes, julguem e avaliem cada um como uma maneira de objetivar um saber formado de todos os saberes retraduzidos e submetidos ao processo de validação constituído pela prática cotidiana.

Em resumo, à medida que se submetem a um aprendizado pela experiência, os pais conseguem avaliar, julgar e transformar os outros saberes, formando um saber maior, que nasceu da sua própria prática como pai ou como mãe!

9   TARDIF, M. op. cit. p. 53.

Com isso, concluímos que, se a prática e a experiência intencionais são inseridas na formação e na vida de um pai e de uma mãe, damos a eles a oportunidade de também retomar, de maneira crítica, os saberes adquiridos ao longo de sua vida como filhos, honrando, inclusive, tudo aquilo que foi muito bom.

Nesse contexto, a máxima de que não há receita de bolo e não há fórmula mágica para a criação dos filhos se confirma e se valida.

Um pai ou uma mãe reset, que sabe honrar os saberes que adquiriu com a própria vida, sendo filho dos seus pais, lendo os livros e fazendo os cursos que escolheu, e que se submete a um aprendizado prático, cria seu próprio grupo de saberes adequados para a sua realidade, a dos seus filhos e da sua família.

Um pai e uma mãe reset, por exemplo, está pronto para preparar os seus filhos para as profissões do futuro, ainda que não saiba quais elas serão. Ainda que não se preocupem com o futuro profissional dos filhos, esses pais se ocupam em prepará-los para tanto, porque se colocam sempre na disposição de, constantemente, gerenciar sua ignorância.

Tornar-se um pai ou uma mãe reset é muito simples: basta se dispor a aprender com a prática e a experiência, constantemente.

Você está fazendo o certo ao ler este livro, pois será capaz de criar seu próprio manual de como educar seus filhos a partir de quem você é e, principalmente, de quem eles são!

O CONTEXTO HISTÓRICO E SOCIAL DA INFÂNCIA NO INCONSCIENTE COLETIVO

Além dos grupos de saberes individuais de pais e mães, há um saber coletivo constituído de memórias que trazemos dos nossos antepassados e que ainda estão vivas em nós. Geralmente, por causa do chamado inconsciente coletivo (termo cunhado pelo psiquiatra suíço Carl Jung), "uma parte da psique que pode distinguir-se de um inconsciente pessoal pelo fato de que não deve sua existência à experiência pessoal", sendo constituído por conteúdos que "nunca estiveram na consciência e, portanto, não foram adquiridos individualmente, mas devem sua existência apenas à hereditariedade".[10]

Mas o que está registrado no nosso inconsciente coletivo e que pode interferir na forma como vemos e educamos nossos filhos? Entre muitos aspectos, o principal é a maneira que a sociedade enxerga a criança e como entende a infância.

Houve um tempo em que a criança era vista apenas como um objeto, um projeto de miniadulto que, se fosse bem cuidado, logo estaria apto para trabalhar, exercendo sua principal função na sociedade da época.

Esse é só um dos muitos elementos que permeiam o contexto histórico e social da infância. E esse contexto, apesar de desatualizado, ainda hoje exerce poder sobre nosso inconsciente coletivo, compondo os nossos saberes de pais.

Conceito de tempo

A infância nem sempre foi como a conhecemos hoje. Sua concepção atual foi construída ao longo dos séculos.

Compreender que a infância é uma construção social, ainda que da forma simples como apresentamos aqui, nos faz entender melhor os motivos pelos quais tantas pessoas não se preparam corretamente para ser pais.

Normalmente, a periodização da história se dá em uma linha do tempo assim:

No entanto, para nos ajudar a desconstruir a visão de tempo que temos e entendermos melhor como o conceito de infância mudou ao longo desses períodos, propomos uma organização temporal com base na Teoria Geral das

---

10   JUNG, C. G. **Os arquétipos e o inconsciente coletivo**. Petrópolis: Vozes, 2000.

Memórias (TGM), proposta por Paulo Vieira. Segundo a TGM, as memórias são empilhadas, uma a uma, em um cilindro como este:

Assim, para essa reflexão sobre o contexto da construção histórica e social da infância, vamos utilizar o cilindro para se ter a dimensão do quão profundamente alguns conceitos estão enraizados no inconsciente coletivo, na memória mais antiga sobre o que é infância.[11]

Idade Média (467 – 1453)

[11] Periodização da Idade Média à Idade Pós-Contemporânea dada pelo educador italiano Franco Frabboni. A idealização do período pós-pandemia foi desenvolvida e acrescentada por mim, com base nos conceitos do palestrante brasileiro Murilo Gun, bem como da educadora italiana Maria Montessori.

A criança, na Idade Média, era considerada um "miniadulto" e não tinha reservado para si um mundo à parte; pelo contrário, logo que deixava de receber os cuidados iniciais da mãe ou da ama, a criança misturava-se aos adultos e com eles convivia.

Isso não significa que não houvesse afeto e amor pelos infantes; porém, os laços que os prendiam às suas famílias não eram estritamente afetivos, mas prioritariamente morais e sociais, sendo comum os nobres mandarem seus filhos para outras famílias a fim de aprenderem boas maneiras por meio da prática.

Idade Moderna (1453 – 1789)

A realidade moral e social da família medieval transformou-se a partir da ascensão do modelo familiar burguês.

Esse novo modelo de família fechado, e não mais aberto e extenso como anteriormente, trouxe alterações importantes na atitude dos pais para com a criança. Ela passou a assumir um valor sentimental no núcleo da família. Num movimento reflexivo, "a família transformou-se profundamente à medida que modificou suas relações internas com a criança".[12]

"Explicar por que ocorrem tais transformações na família burguesa é bem mais complicado, existindo muitas teorias a respeito."[13] Contudo, é praticamente unânime entre os historiadores o desenvolvimento, entre os séculos XV e XVIII, da importância do sentimento da infância e de um novo momento familiar.

---

12 ARIÈS, P. **História social da criança e da família**. 2. ed. Rio de Janeiro: Guanabara, 1978. p. 225.
13 ARANHA, M. L. de A. **Filosofia da educação**. São Paulo: Moderna, 2002. p. 69.

Idade Contemporânea (1789 – 1950)

Dentro desse contexto histórico, no século XVII, durante o classicismo francês, surgiram obras escritas para adultos que posteriormente viriam a ser englobadas como literatura infantil: as *Fábulas*, de La Fontaine, publicadas entre 1668 e 1691, *As aventuras de Telêmaco*, de Fénelon, de 1717, e *Os contos de Mamãe Gansa*, de Charles Perrault, lançados em 1697.

Foi somente no século XVIII que surgiram na Europa as primeiras obras publicadas para o público infantil.

Diante dessas transformações na sociedade, surgiram novas formas de controle do desenvolvimento intelectual da criança, agora considerada um projeto de adulto. Esta deveria ser preparada para desempenhar sua função na sociedade quando atingisse a maturidade.

Idade Pós-Contemporânea (1950 – 2020)

Segundo o educador italiano Franco Frabboni, foi só na metade do século XX, considerado por ele um período histórico completo, que o direito da criança ao conhecimento e à criatividade foi legitimado. Alguns dos marcos dessa legitimação vieram por meio das ações do Fundo das Nações Unidas para a Infância (UNICEF) e da própria Organização das Nações Unidas (ONU):

- **1946:** Criação da Organização das Nações Unidas para a Educação, a Ciência e a Cultura (UNESCO) e da UNICEF;
- **1959:** Declaração dos Direitos da Criança (ONU);
- **1989:** Adoção da Convenção dos Direitos da Criança (ONU).

Pós-Pandemia de covid-19 (2020-)

Assim como os marcos anteriores, acredito que estamos vivendo hoje um período de transição. É o surgimento da necessidade da "criança-respeitada" ou da "criança-nutrida".

Fica cada vez mais evidente a importância do cuidado na infância não apenas no desenvolvimento físico (com a preservação da vida, demonstrada historicamente pela queda da mortalidade infantil), mas também no desenvolvimento integral (intelectual, emocional, psicológico e comportamental).

VOCÊ FOI EDUCADO QUANDO CRIANÇA COM BASE NO PENSAMENTO DE QUAL DESSES PERÍODOS DE TEMPO?

Para finalizar, quero fazer um convite a você: reflita como tudo o que foi dito neste capítulo impactou sua infância, e também o quanto você precisa mudar para conseguir oferecer tudo de que seu filho necessita. Esse processo servirá duplamente como um caminho de autoconhecimento e de perdão dos seus pais.

Por isso, sugiro que você faça o exercício abaixo, assinalando todas as frases que ouviu sobre você na sua infância e adolescência. E, a cada grupo, anote quantas delas você assinalou. Ao final, identifique em qual dos quatro grupos assinalou mais frases.

GRUPO 1

- Em boca calada não entra mosca; ☐
- Eu apanhei e não morri; ☐
- O filho é meu e faço o que quiser com ele; ☐
- Pau que nasce torto, morre torto; ☐
- Só aprende na porrada; ☐
- Comeu do meu pirão, provou do meu cinturão; ☐
- Atravessou a rua e voltou, já tem idade. ☐

TOTAL DE FRASES ASSINALADAS: _____

GRUPO 2

- Você não é nem a primeira nem a última a sofrer isso; ☐
- É bom para aprender a se virar; ☐
- Criança não tem que querer; ☐
- O trabalho do menino é pouco; ☐
- Sabe nem o que é isso! ☐
- Só aprende apanhando! ☐
- Você puxou a raça do seu pai/da sua mãe. ☐

TOTAL DE FRASES ASSINALADAS: _____

GRUPO 3

- Meu pai fez comigo e não morri; ☐
- Filho de peixe, peixinho é; ☐
- Manda quem pode, obedece quem tem juízo; ☐
- Para educar filhos não existe manual; ☐

62 Decifre e fortaleça seu filho

- Ajoelhou, tem que rezar; ☐
- Ser mãe é padecer no paraíso; ☐
- De pequeninho é que se torce o pepino. ☐

TOTAL DE FRASES ASSINALADAS: _____

GRUPO 4

- Filho meu não faz isso; ☐
- Eu não criei você para isso; ☐
- Você não é criança de rua; ☐
- Estou investindo em você; ☐
- Esse menino só me dá trabalho; ☐
- Você só me faz pagar a língua; ☐
- Não fez mais do que a sua obrigação. ☐

TOTAL DE FRASES ASSINALADAS: _____

Se você assinalou mais frases do GRUPO 1, saiba que elas são ditas por aqueles com o pensamento de infância muito enraizado na IDADE MÉDIA. Isso requer de você uma atenção ainda mais urgente e especial em procurar se tornar cada vez mais um pai reset, alguém comprometido em não repetir os padrões dos seus pais ou das pessoas que assumiram o papel de educar você. O pensamento sobre a infância da Idade Média traz a criança numa posição de subproteção e extrema desvalorização.

Se você assinalou mais frases do GRUPO 2, saiba que são frases ditas a partir do pensamento de infância preso à IDADE MODERNA. Como as pessoas que escutaram fases oriundas do pensamento da IDADE MÉDIA, você precisa de uma atenção ainda mais urgente e especial em se tornar cada vez mais um pai reset, comprometido em não repetir os padrões dos seus pais ou das pessoas que assumiram o papel de educar você. O pensamento sobre a infância da Idade Moderna, ainda que um pouco mais evoluído pelo nascimento do conceito de família fechada, ainda traz a criança numa posição de subproteção e extrema desvalorização.

Se você assinalou mais frases do GRUPO 3, saiba que são frases que expressam o pensamento de infância da IDADE CONTEMPORÂNEA. Nessa época, as

Você pode montar o manual personalizado do seu filho... e escolher acertar a partir de hoje **63** crianças não eram subprotegidas como na Idade Média e na Idade Moderna, mas a sua proteção e sua identificação como sujeitos era muito mais pelo que essa criança poderia oferecer para a sociedade (como por exemplo mão de obra barata) do que pelo sentimento de proteção na fase mais importante do desenvolvimento humano. Nesse caso, você precisa observar se está repetindo alguns padrões e pensamentos dessa época, talvez em transição para um pensamento mais atual de superproteção. Nesse caso, é possível que alguns ajustes, como o passo a passo que vamos oferecer a você neste livro, sejam a chave de que você precisa para criar filhos felizes e fortes emocionalmente.

Se você assinalou mais frases do GRUPO 4, é possível que você seja um pai ou uma mãe mais jovem, ou, até mesmo, ter sido educado por pais mais visionários, à frente do seu tempo. As frases desse grupo se relacionam ao sentimento da criança superprotegida, típico da IDADE PÓS-CONTEMPORÂNEA. O fato de você ter ouvido frases da Idade Pós-contemporânea o ajudarão a compreender que melhor do que ser a criança superprotegida que você provavelmente foi, é ser uma criança respeitada na sua identidade. É possível que, para você, o passo a passo que vamos oferecer neste livro possa ser facilmente aplicado no seu dia a dia, apresentando alguns resultados rápidos com seus filhos.

Agora que você identificou em quais grupos estão as frases que você mais ouviu na sua infância, de qual fase e de qual visão social da infância elas pertencem, tome hoje a decisão de não as replicar com seus filhos, assumindo a postura de um pai, de uma mãe reset!

Independentemente do grupo de frases ouvidas na sua infância que você mais assinalou, tenho certeza de que o sentimento de que seu filho e você podem e merecem muito mais aqueceu o seu coração. Por isso, convido você a ler atentamente o próximo capítulo e, ao final dele, assumir o compromisso proposto pelo Paulo.

Um pai e uma mãe reset, por exemplo, estão prontos para preparar os seus filhos para as profissões do futuro, ainda que não saibam quais elas serão.

capítulo 4:
para respeitar as características únicas do seu filho, é preciso conhecê-las

sara braga

Se você não trata o seu filho da forma única que ele merece e de que precisa – e se, muitas vezes no seu dia a dia, isso o leva a simplesmente não saber como lidar com ele –, é porque você muito provavelmente ainda é um pai natural ou aprendiz. E a melhor forma de mudar isso é se tornar um pai ou uma mãe reset.

Os pais e mães reset entendem que precisam reiniciar constantemente suas maneiras de adquirir saberes, para que possam estar sempre prontos a preparar os próprios filhos para o futuro, mesmo que não saibam exatamente o que esse futuro reserva.

É esse tipo de pai, ou esse tipo de mãe, que você precisa se tornar para que não caia no erro de acreditar que a maternidade ou a paternidade é algo instintivo; para que você não se condene a uma repetição de padrões ultrapassados, baseados em conhecimentos limitados; para que você não cometa os erros que acredita, ou até sabe, que seus pais cometeram na sua criação; para que, com a busca por conhecimentos sempre atualizados, você evolua, se transforme, e, principalmente, para que proporcione ao seu filho o melhor pai ou a melhor mãe que ele pode e merece ter.

Na sua vida, hoje, sinceramente, você acredita que tem presenteado alguém tão especial e único quanto o filho que você tem com a mãe ou o pai que ele verdadeiramente merece?

Você está com este livro em mãos, o que significa que, em algum momento da sua vida, provavelmente durante os últimos dias, você decidiu adquirir um objeto que poderia lhe trazer um novo conhecimento, uma informação que você ainda não possui, a respeito da criação de filhos.

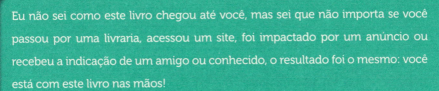

Eu não sei como este livro chegou até você, mas sei que não importa se você passou por uma livraria, acessou um site, foi impactado por um anúncio ou recebeu a indicação de um amigo ou conhecido, o resultado foi o mesmo: você está com este livro nas mãos!

Por isso, é muito possível que você esteja já no grupo de pais resets ou em transição para ele, porque você buscou um novo conhecimento;

está lendo em busca de informações que ainda não possui; sabe que pode oferecer uma maternidade ou uma paternidade melhor ao seu filho.

Diante disso, eu o parabenizo pela informação, pela indicação ou até mesmo pela sorte que foi este livro chegar, justamente, até você. Aqui há uma fonte de um conhecimento inestimável, que vai transformar quem você é como pai, quem você é como mãe e, consequentemente, todo o futuro do seu filho.

NA DIREÇÃO DA SOLUÇÃO

Colocando-se no papel de um pai ou de uma mãe reset, você entende, principalmente, três pontos essenciais para a sua jornada de maternidade ou paternidade:

1. Você não quer mais repetir padrões que você conhece e os que o moldaram como ser humano durante sua criação. Nenhum deles, pois você sabe que existe mais a saber, a aprender, a compreender e a colocar em prática;

2. O saber da experiência se sobrepõe a todos os outros saberes porque você só pode experienciar aquilo que é vivido, que é colocado em prática. E só pode ser posto em prática aquilo que foi aprendido, conhecimento que foi, em primeiro lugar, obtido em algum momento;

3. Ser pai ou ser mãe é um papel subjetivo e o mais importante da vida de um ser humano, porque o pai e a mãe cuidam de uma pessoa na fase mais importante da vida: a infância.

Munido desse conhecimento, você está dando o primeiro passo em direção a uma solução fantástica, assumindo que quer ser um pai ou mãe reset. Este, portanto, é o momento de você firmar um compromisso, consigo e também com o seu filho.

Nas páginas 70 e 71, você vai encontrar um Termo de Compromisso que pode ser um dos mais importantes que você já assinou na sua vida. Por isso, não subestime a importância, o valor ou significado dele. Não caia no erro de acreditar que é só mais uma página de só mais um livro.

Munido desse conhecimento, você está dando o primeiro passo em direção a uma solução fantástica, assumindo que quer ser um pai ou mãe reset.

O Termo de Compromisso que você vai assinar, se é o que deseja e se está realmente comprometido com sua paternidade, maternidade, e com o futuro do seu filho, é uma declaração de suas intenções, de sua vontade, de sua necessidade de transformar a si mesmo.

Mas talvez até mais do que isso: é uma declaração de amor ao seu filho, um ser humano único cuja vida, neste momento, está em suas mãos.

Então, preparado? Passe esta página apenas se você tiver entendido, até aqui, a importância de se tornar um pai ou uma mãe reset. Apenas se estiver tão pronto que se comprometerá a se tornar um.

Assim, você poderá criar um filho feliz e forte emocionalmente, preparado para o futuro (seja ele qual for) por um pai ou uma mãe que buscou conhecimento e levou a própria paternidade ou maternidade à quinta potência.

TERMO DE COMPROMISSO
DO PAI E DA MÃE RESET

Eu, _____

_____, pai/mãe do(a) _____

_____, declaro, para todos os devidos fins ligados à minha paternidade/maternidade e ao futuro do meu filho/minha filha, que me comprometo a ser um pai/uma mãe reset.

Sempre em busca de melhorar, de me perdoar, de não me culpar e de, a cada dia, ser melhor do que fui o dia anterior, eu me comprometo a:

1. Ter consciência de que os saberes que tenho atualmente não são suficientes para preparar meu(s) filho(s) para o futuro ou criá-lo(s) feliz(es) e forte(s) emocionalmente;

2. Compreender que cursos e livros teóricos são importantes, mas não conseguem impactar os primeiros saberes, que são experienciados ao longo da vida, sobretudo os saberes que adquiri sendo filho(a) dos meus pais;

3. Entender minha inquietação interna de querer oferecer ao(s) meu(s) filho(s) mais do que eu mesmo(a) recebi;

4. Ser um pai ou uma mãe corajoso(a), assumindo minha ignorância e a necessidade de gerenciá-la constantemente;

5. Saber que preciso reiniciar constantemente meus processos de aquisição de saberes para renovar minhas práticas como pai ou mãe de filhos mais preparados para o futuro;

6. Tratar, educar e amar meu filho/minha filha como a pessoa absolutamente única que ele/ela é.

Dessa maneira, colherei grandes resultados e mudanças em minha paternidade/maternidade e na relação com meu filho/minha filha.

Assinatura: _____

Data: ___ / ___ / ___

Quando você assume o compromisso de ser um pai reset, está declarando todo o seu amor para o seu filho.

Isso porque ele merece ter um pai, uma mãe, reset. Mais do que isso, você mesmo merece ser um pai ou uma mãe reset.

Isso porque você merece ser um pai que sabe o que faz e o que precisa fazer, que está disposto a cuidar do seu filho, da sua filha – como, muitas vezes, se dispõe a manter ou conseguir um emprego, a obter uma formação intelectual, a cuidar da própria saúde.

Assim como as áreas profissional, financeira, intelectual e qualquer outra, você precisa assumir o **pilar filhos** como um pilar essencial, tanto na vida deles quanto na sua.

Sabe por quê? Porque no dia em que você se tornou um pai ou uma mãe, isso foi incorporado à sua identidade. Essa função, desde então, está na base da sua pirâmide, na base de quem você é.

Você é pai, você é mãe e isso faz parte de você. A forma como você vai desempenhar e praticar essa parte de si mesmo vai depender de algumas escolhas: as que já fez, as que vem fazendo e aquelas que ainda fará.

Pensando assim, se você sabe que pode ser melhor, que merece ser melhor, que seu filho merece o melhor e, principalmente, que existem conhecimentos para te ajudar a ser melhor, a pergunta é: Por que você se contentaria em ser qualquer coisa menos que isso?

CONHEÇA A SI MESMO, CONHEÇA SEU FILHO

Depois de se comprometer a ser um pai ou mãe reset, o passo seguinte é conhecer o seu filho, saber quem é esse ser humano cuja guarda foi concedida, confiada, a você. Quem ele é? Como se comporta?

Felizmente, ao longo da história da humanidade, diversos estudiosos se propuseram a estudar a personalidade e o comportamento humanos. Ao mesmo tempo, campos como o da neurociência desvendaram mistérios e ofereceram – e continuam oferecendo! – as mais necessárias e surpreendentes respostas sobre a mente humana.

Além disso, a passagem do tempo trouxe inúmeras mudanças à maneira como enxergamos diversos aspectos da vida de uma pessoa. Isso refletiu, também, na compreensão e aceitação da infância como fase de desenvolvimento.

Como a Vivi falou no Capítulo 3, a infância é uma construção social e a visão que as pessoas ao redor têm dessa fase, enquanto sociedade, evoluiu ao longo dos séculos. Hoje, é possível saber que essa evolução foi essencial para proporcionar um conhecimento muito necessário sobre como as características comportamentais de uma pessoa podem se manifestar e ser reconhecidas desde a infância.

Sabendo de tudo isso, com a certeza de que existe um grande aparato de conhecimentos a ser buscado e com o compromisso de ser um pai ou mãe reset, você tem um dever (sim, um dever, porque você precisa levar a sério a sua paternidade ou maternidade). O seu dever é ir atrás de informações para descobrir, conhecer e entender tanto o ser humano cuja vida está em suas mãos quanto você mesmo como indivíduo.

Conhecer a si mesmo é um passo que ainda será devidamente aprofundado ao longo deste livro. Embora negligenciado por muitos, ele é fundamental para a compreensão da unicidade de cada ser humano e até para a sua jornada de se tornar um pai reset.

Quem foi você na infância? Quem é você hoje? Quais são os desafios que você enfrenta? Quais deles foram gerados na sua infância? Quais deles você pode, mesmo sem saber, estar impondo ao seu filho? Quais padrões da sua infância estão sendo repetidos na sua relação com o seu filho?

Você percebe como, fácil e rapidamente, as perguntas sobre você podem se transformar em perguntas que refletem a infância que o seu filho está tendo? O autoconhecimento está intimamente ligado à capacidade de reconhecer o quanto cada pessoa é única. E responder às perguntas citadas acima de maneira verdadeira tem tudo a ver com a resposta para esta última pergunta que você deve fazer a si mesmo: *O que torna o meu filho verdadeiramente único?*.

NOSSO MÉTODO

Na busca por identificar o quão único é o seu filho – para educá-lo, amá-lo e criá-lo da maneira que ele precisa e merece –, você já compreendeu que tem de ser um pai ou mãe reset e deve colher o conhecimento necessário para entender tanto a ele quanto a si próprio.

Porém, todo o conhecimento do mundo, assim como seu acesso a ele, será em vão se você não colocar as informações que estão ao seu dispor em prática. Conhecer, estudar e aprender para então praticar é uma parte indispensável da solução que você procura. E é por isso que este é o convite principal deste livro que tem em mãos: que você sempre coloque em prática cada dica, cada informação, cada passo que já foi e ainda será trazido aqui.

No capítulo a seguir, você se deparará com um método que, certamente, não é o único disponível no mundo quando o assunto é o conhecimento e a criação dos filhos. Mas é o nosso método, o que funcionou para mim, para a Vivi, para a Sara e para milhares de mães e pais que, em algum momento ou formato, já tiveram acesso a partes do conteúdo deste livro.

Para respeitar as características únicas do seu filho, é preciso conhecê-las **73**

Filhos não têm um manual. E, para ajudá-lo com isso, Vivi, Sara e eu presentearemos você com um passo a passo para tornar verdadeiramente possível, na sua vida e no seu dia a dia, colocar em prática cada conteúdo extraordinário que ainda será conhecido ao longo destas páginas.

O método a seguir é baseado em conteúdos que nos foram apresentados por estudiosos e pesquisadores extraordinários como William Moulton Marston (1893–1947), Maria Montessori (1870–1952), entre tantos outros teóricos ligados à dinâmica da infância.

Essas são personagens reais que presentearam a humanidade com conhecimentos sem preço, mas com um valor profundo para que nós, eu e você, tivéssemos subsídios e informações que nossos pais não tiveram, que não estavam disponíveis em nossa infância. Informações e subsídios que, certamente, teriam impactado na criação de cada um de nós e em nossos respectivos futuros, mas que hoje podem impactar na criação de nossos filhos, em quem eles são, serão e em tudo que ainda têm para viver.

Vidas como a da Grace, uma das mentoradas da Vivi, que já conheceu parte deste método, aplicou em seu dia a dia, na realidade da sua família, e viu a relação com o próprio filho mudar para melhor.

Eu sou bem agitada e ficava querendo que meu filho fizesse as coisas no meu tempo. A mentoria da Vivi tem mudado completamente minha visão com relação a isso.

Eu falava "faz isso aqui", "guarda isso ali". Ele não fazia e não guardava no tempo que eu queria, e isso me deixava irritada.

Quando comecei a perceber que ele é diferente de mim e que tem o tempo dele – essa clareza eu só consegui ter na mentoria –, as coisas começaram a mudar e ficar mais calmas em casa.

Agora, eu peço as coisas a ele, que responde: "tá, mãe, eu vou fazer", e eu não brigo mais, porque eu espero o tempo dele. Depois, no seu próprio tempo, ele faz.

E isso tem sido muito legal, muito prazeroso.

Grace Kelly

Assim como aconteceu com a Grace, esse é um conhecimento que mudou a minha família, transformando a forma como eu enxergo e compreendo cada um dos meus três filhos.

Por meio desse conhecimento, eu entendi que a Júlia, o Mateus e o Daniel são únicos, que nenhum deles tem um comportamento melhor ou pior do que o outro, mas que eles têm, sim, aspectos comportamentais que podem ser nutridos, assim como existem aspectos inatos que estão lá para que sejam valorizados.

Se eu não tivesse o conhecimento que tenho hoje – o qual ainda vou compartilhar muito com você –, tenho certeza de que poderia ter destruído algum dos meus filhos, se não os três. Por não entender suas unicidades, suas peculiaridades, por esbarrar no desafio de lidar com aquele que é mais diferente de mim, eu poderia ter esmagado sua identidade.

E, nas páginas deste livro, compartilho com você a importância dessa compreensão: para que possa olhar para os seus próprios filhos de modo diferente, como eu olhei; para que possa ver em seus olhos o quanto são únicos, como eu vi; para que possa não apenas respeitar as diferenças entre eles e você, mas amá-las porque elas são as características de quem o seu filho é. Esses são detalhes que constroem e formam o seu filho, fazendo dele exatamente quem ele é.

Para que nenhuma criança, em nenhum lar, corra o risco de ter sua identidade barrada, desvalorizada, negligenciada. Para que nenhum filho tenha sua unicidade destruída, nem um pouquinho.

Para que nenhuma criança e nenhum filho receba a mensagem de que estão errados sendo quem são. E, principalmente, para que essa mensagem nunca seja comunicada pelo pai ou pela mãe.

Nosso método, ainda que não seja único, é singular na minha vida, na minha paternidade e nos resultados que posso testemunhar: tudo que proporcionou na minha realidade e na relação com os meus filhos.

Ele pode ser único na sua vida também. Pode transformar o seu lar e a sua relação com os seus filhos. Mais que tudo isso, ele pode salvar os seus filhos e a sua jornada como pai ou como mãe.

Não precisa mais procurar. O que você tem procurado, até, talvez, sem saber, está aqui. Você já conseguiu, já encontrou.

Assim, só resta conhecer o passo a passo que moldamos, continuar a mergulhar no conhecimento (como o verdadeiro pai e mãe reset que você se comprometeu a ser) e colocá-lo em prática na sua vida: a solução que você tem buscado já está em suas mãos.

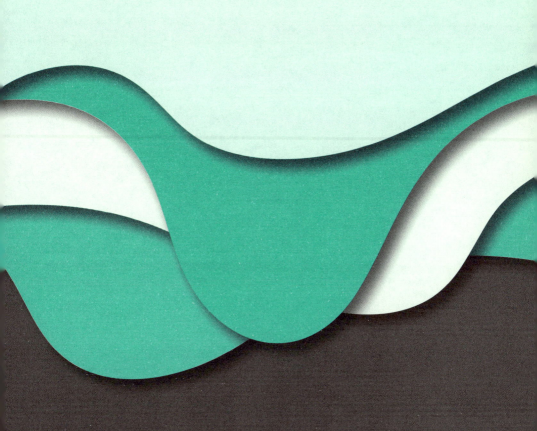

Não precisa mais procurar. O que você tem procurado, até, talvez, sem saber, está aqui. Você já conseguiu, já encontrou.

parte

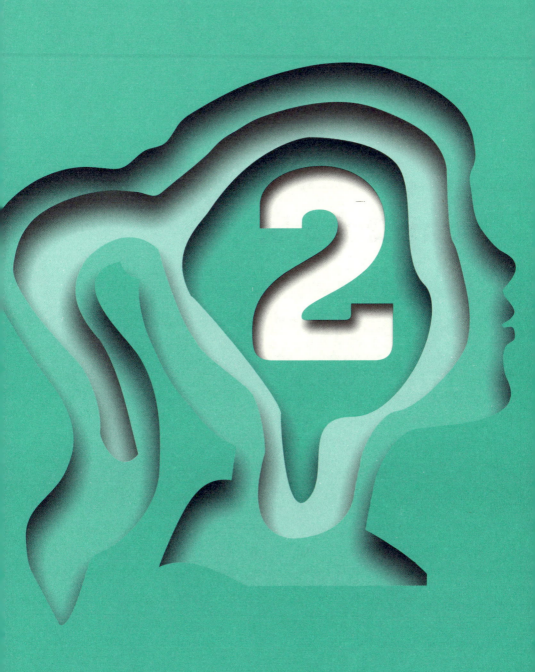

capítulo 5:
descubra o que torna o seu filho único

viviane
veiga
távora

A metodologia apresentada neste livro se apoia em três pilares fundamentais que serão explicados detalhadamente a seguir.

PILAR FUNDAMENTAL 1: PERCEPÇÃO

Só quem poderá desvendar a verdadeira identidade da criança é ela própria, quando for adulta.

É importante compreendermos que sempre que eu e você falarmos do perfil de comportamento do seu filho, da tendência de personalidade que observamos, dos motivadores e de todos os demais aspectos da identidade, será sempre a sua percepção como pai ou mãe sobre a criança.

Isso significa que só a criança, quando for jovem adulta, poderá dizer sobre si mesma, definir quem ela é. Até lá, tudo que você fará é um exercício de observação e julgamento a partir de quem você é e como a enxerga. Claro, essa observação e esse julgamento já são feitos a cada instante, você já percebe o perfil do seu filho todos os dias, mas, com esse passo a passo em mãos, o fará de maneira direcionada, estratégica e intencional. Clareza e consciência neste momento o ajudarão a, inclusive, compreender e executar os outros dois fundamentos da nossa metodologia: valorização e nutrição.

Além disso, é importante compreender que a criança, a depender da idade e do estilo de vida da família, pode manifestar diferentes comportamentos em diferentes situações ou ambientes, como acontece também com os adultos ao se adaptar ao meio e às necessidades do momento. Essa observação é importante para que a criança não seja percebida em somente uma situação ou ambiente, mas sim de modo global, à medida do possível.

Com isso em mente, apresentamos a seguir as instâncias de relacionamentos e ambientes em que a criança pode estar inserida, de modo que sua percepção seja o mais abrangente possível. Em cada passo, vamos sempre auxiliar você a contextualizar a percepção, observando assim as sete instâncias da plenitude.

Fonte: Febracis.

PILAR FUNDAMENTAL 2: VALORIZAÇÃO

O segundo pilar fundamental da metodologia cujo passo a passo estamos prestes a ensinar é a **valorização**. Com esse pilar, evidenciamos a importância de valorizar a identidade única da criança manifestada em seu comportamento, desde que não seja algo prejudicial para si ou para os outros. Ou seja, uma vez percebidos por você os traços naturais da identidade única do seu filho, você poderá valorizá-los na sua rotina do dia a dia com mais consciência e intencionalidade.

Vou utilizar o exemplo hipotético da criança que Paulo apresentou no início do livro, o Arthur: uma criança prática, dinâmica e competitiva, com grande capacidade de liderança, que não desiste facilmente daquilo que deseja alcançar.

Imaginemos uma cena na qual Arthur quer decidir onde cada membro da família se sentará ao entrar no carro. E o menino, manifestando sua identidade única por meio da sua grande capacidade de dar comandos, diz ao pai que sente no banco traseiro e que a mãe sente no lugar do motorista, sendo que ela não possui habilitação para dirigir. Nesse contexto, a habilidade de comandar do Arthur não tem como ser valorizada, uma vez que sua vontade não condiz com uma realidade possível e que aceitá-la traria danos diversos para a família.

O exemplo é bastante radical, mas utilizamos para que você compreenda que a valorização dos comportamentos pertinentes à identidade única do seu filho ou filha deve ser algo levado em conta até a medida do possível, estabelecendo limites.

No passo 1 da nossa metodologia, mostraremos como podem acontecer os momentos de valorização e validação da identidade da criança por meio da perfeita linguagem do amor.

PILAR FUNDAMENTAL 3: NUTRIÇÃO

O terceiro pilar fundamental da nossa metodologia é a nutrição socioemocional. Veja a seguir o significado da palavra nutrir, que é exatamente o sentido que buscamos apresentar.

> Nutrir[14]
>
> *verbo*
>
> 1. Prover(-se) de alimento, de substâncias nutritivas; alimentar(-se);
> 2. Ser o alimento de.

Nutrir emocionalmente, dar alimento emocional, é, em si, um ato de amor pela criança e por sua identidade única. Quando utilizamos os termos "desenvolver" ou "formar" em relação aos nossos filhos, é invocada uma ação unilateral nossa para com eles, uma ação que não abre espaço para a resposta ser menos que a adequada aos nossos anseios, sem respeitarmos, por exemplo, a fase de desenvolvimento da criança e os comportamentos naturais dessa fase.

O mesmo acontece quando se afirma que vai "trabalhar" esse ou aquele aspecto da personalidade da criança. Quando um pai ou uma mãe "trabalha" algo no seu filho, na sua filha, temos uma percepção de que a personalidade, a identidade e os comportamentos das crianças precisam se adaptar ao trabalho feito e responder de maneira correta e imediata. Mas isso não é possível.

É mais respeitoso nutrir, proporcionar, facilitar.

---

14 NUTRIR. *In*: DICIO, **Dicionário Online de Português**. Porto: 7Graus, 2021. Disponível em: https://www.dicio.com.br/nutrir/. Acesso em: 4 set. 2021.

Quando você nutre uma competência socioemocional no seu filho, está dando a ele, à fase de desenvolvimento que ele está e ao corpo dele a opção de assimilarem ou não o que você está nutrindo.

Por exemplo: seu filho tem 1 ano e você quer que ele seja mais prudente! Prudência é uma competência socioemocional. É possível "trabalhar" essa competência em uma criança? Talvez... Mas em uma criança com 1 ano, trabalhar prudência exigiria força, muita, muita força! Porque faz parte dessa fase de desenvolvimento ser ousada!

Porém, nutrir é diferente. Pense no nutrir como um ato de regar a semente. No tempo certo, no tempo dela, ela brotará! Ou seja, você oferece, você apresenta, você dialoga.

Como é o caso da criança de 1 ano que ao invés de ter "trabalhada" nela a prudência, foi nutrida a prudência com brincadeiras, livros, conversas, experiências de limites e exemplos. Ainda que ela continue com pouco senso de prudência – característica da sua fase de desenvolvimento –, quando alcançar a fase de desenvolvimento, em que terá mais cognição e capacidade de ser prudente, é possível que, em algum momento, recorra aos elementos da sua nutrição anterior.

A nutrição, assim, faz um alinhamento de expectativa: eu nutro, proporciono a experiência, a memória se deposita e a trilha neural é criada, mas não significa que haverá correspondência imediata, com comportamentos imediatos. Isso depende da fase de desenvolvimento em que cada criança está.

Um outro exemplo que pode trazer ainda mais clareza é o de uma criança que se encontra na fase natural de egocentrismo e tem a empatia constantemente nutrida por seus pais. O natural é que na maior parte do tempo a criança continue com seu comportamento egocêntrico, próprio de certa fase de desenvolvimento. Mas, à medida que cresce e sai dessa fase, é provável que ela comece a exercer a competência socioemocional nutrida por seus pais, a empatia, e corresponda a ela.

Nutrir: oferecer experiências que criem no cérebro da criança trilhas neurais que permitam a flexibilização do seu perfil natural e o desenvolvimento de competências.

Nesse sentido, apresentamos um trecho do psicólogo Viktor E. Frankl (1905-1997), criador da Logoterapia, que afirma que

O ser humano não é completamente condicionado e determinado; ele mesmo determina se cede aos condicionantes ou se lhes resiste. Isto é, o ser humano é autodeterminante, em última análise. Ele não simplesmente existe, mas sempre decide qual será sua existência, o que ele se tornará no momento seguinte. [15]

O autor ainda complementa a argumentação: "O ser humano é capaz de mudar o mundo para melhor, se possível, e de mudar a si mesmo para melhor se necessário".[16]

Se tal verdade, afirmada pelo autor a respeito do ser humano na vida adulta, faz tanto sentido, é natural que é ainda mais válida para as crianças que estão em pleno desenvolvimento.

Uma das condicionantes de Frankl pode ser justamente as características únicas da identidade do seu filho, da sua filha. É possível que você tenha uma filha extremamente introvertida, detalhista, focada nas suas próprias atividades, e que não desenvolve uma comunicação tão frequente quanto você gostaria. Nada lhe impede de valorizar esses aspectos importantes da identidade da criança e, ainda, nutrir a sociabilidade e a extroversão sem que isso a fira. Assim, quem sabe em algum momento da vida, ela possa corresponder a essa nutrição, indo além das suas próprias condicionantes e se comunicando mais intensamente com aqueles que ama, por exemplo.

---

15   FRANKL, V. E. **Em busca de sentido**: um psicólogo no campo de concentração. 42. ed. São Leopoldo: Sinodal; Petrópolis: Vozes, 2017. p. 153.

16   *Ibidem*.

Descubra o que torna o seu filho único

Consciente desses pilares fundamentais para o passo a passo que vou apresentar a você a seguir, convido-o a trazer à lembrança cada um deles por meio de uma frase:

Estou decifrando meu filho por meio da minha percepção e vou fortalecê-lo por meio da valorização e da nutrição da sua identidade extraordinária!

Vamos a uma breve explicação da técnica? Ela está dividida em cinco passos:

PASSO 1 – COMUNIQUE A PERFEITA LINGUAGEM DO AMOR

Pense no passo 1 como um cinturão ao redor do seu relacionamento com seu filho. A perfeita linguagem do amor é a expressão que todo ser humano precisa comunicar e merece receber. Ela é a comunicação universal, independe de quão único somos, mas reforça, sobretudo na criança, sua essência: todos nós necessitamos de amor.

Aprender os fundamentos da perfeita linguagem do amor vai ajudá-lo a colocar essa comunicação universal em prática antes mesmo de entrar nas particularidades do perfil comportamental do seu filho, trazendo uma clareza e uma grande evolução no relacionamento de vocês apenas com pequenos ajustes que vamos propor ao longo do próximo capítulo.

PASSO 2 – IDENTIFIQUE A FASE DE DESENVOLVIMENTO DO SEU FILHO

Com o passo 2 você vai compreender o quanto ser um pai ou uma mãe reset é importante. De um mês para outro, seu filho, sua filha, pode mudar de fase de desenvolvimento infantil em que está e você precisará reajustar a rota, reformular o manual personalizado que vem fazendo para ele ou para ela com a ajuda deste livro.

PASSO 3 – PERCEBA, VALORIZE E NUTRA SEU FILHO

No passo 3 será apresentada a teoria comportamental DISC, de William Marston. Por meio dos exemplos expostos, que trarão clareza à percepção do perfil comportamental do seu filho ou filha, você conseguirá decifrá-lo, colocando em prática nossos três pilares fundamentais discutidos neste capítulo: percepção, valorização e nutrição.

PASSO 4 – FORTALEÇA SEU FILHO POR MEIO DAS SETE EXPERIÊNCIAS

A partir do passo 4, com a apresentação das sete experiências essenciais para a nutrição emocional do seu filho e da sua filha, você terá elementos concretos para valorização e nutrição da sua percepção do perfil comportamental do seu filho, da sua filha.

Nesse passo, você receberá elementos para fortalecer emocionalmente a criança, de maneira intencional e diária.

PASSO 5 – DECIFRE A SI MESMO

Ao chegar ao quinto passo, é possível que você já tenha vivido um profundo processo de autoconhecimento, uma vez que não há como observar tudo que será apresentado sem fazer um exercício de reflexão sobre seu próprio comportamento como pai e mãe, mas também como filho, filha, que é. Queremos, com esse passo, cada vez mais incentivar você a ir além nessa jornada. Porque à medida que se conhece, renova e ressignifica seu próprio conjunto de saberes de pais, e se torna verdadeiramente um pai reset, uma mãe reset.

Antes de prosseguirmos ao passo a passo nos próximos capítulos, quero compartilhar com você uma história real, a tradição de uma tribo nômade localizada na Namíbia, os Himbas, cuja tradição extremamente curiosa e bela relato a seguir:

Descubra o que torna o seu filho único **87**

Na tribo dos Himbas, os aniversários não são comemorados no dia do nascimento e nem mesmo no dia da concepção. A celebração da vida se dá no dia em que a mãe da criança decide que irá concebê-la, quando ela ainda é pensamento na mente de sua progenitora.

Quando a mulher decide ter um filho, ela senta debaixo de uma árvore e escuta até ouvir a canção da criança que ela virá a conceber. Depois de ouvir a canção dessa criança, ela volta para o homem que será o pai para ensiná-lo a canção.

Quando fazem amor para conceber fisicamente aquela criança desejada, eles cantam a canção ouvida, a fim de convidá-la, acolhê-la...

Quando a mulher está grávida, ela ensina a canção da criança para as parteiras e mulheres mais velhas, bem como para todas as pessoas da aldeia.

Quando a criança nasce, as parteiras e toda a tribo entoam a sua canção para recebê-la!

Ao crescer, caso caia ou se machuque, sempre há alguém para pegá-la e cantar sua canção para acalmá-la.

Quando a criança faz algo maravilhoso ou faz seus ritos de passagem com sucesso, o povo da aldeia canta sua canção para homenageá-la.

Se essa criança, quando for adulta, vier a cometer um crime ou ato social aberrante, será chamada ao centro da aldeia e os demais formarão um círculo ao seu redor cantando sua canção.

Quando a pessoa se casa, as canções são cantadas juntas. E quando, já na velhice, a criança está prestes a morrer, todos se reúnem junto dela e cantam sua canção pela última vez.

Você está prestes a conhecer mais alguns acordes da canção do seu filho, da sua filha. Tenha uma linda experiência!

Nutrir emocionalmente, dar alimento emocional, é, em si, um ato de amor pela criança e por sua identidade única.

capítulo 6:
passo 1 – comunique a perfeita linguagem do amor

paulo vieira

> **"A comunicação é o primeiro quadrante neural para as mudanças. Um lar sadio e feliz começa com uma comunicação de amor."**
>
> **Paulo Vieira**

Ao longo desses anos, identifiquei dezoito maneiras de amar, algumas delas apenas fazem bem e outras são efetivamente necessárias. Neste capítulo, vamos apresentar todas as expressões de amor essenciais para seu lar.

Precisamos despertar as famílias para viverem o extraordinário da vida. Quantas delas estão vivendo o "comum" e considerando "normal"? É comum ver pais não terem tempo nem disposição para desfrutar de momentos ao lado dos filhos, mas isso não é normal. É comum ver crianças adoecendo emocionalmente pela ausência de experiências positivas e fortalecedoras com a família, mas isso não é normal. É comum ver jovens trancados em seus quartos, isolados dos pais, mas isso não é normal. É comum ver irmãos sem se falar, mas isso não é normal. É comum ver adolescentes bebendo e intoxicando-se, mas isso não é normal.

Normal é ver filhos chegando bem em casa, beijando e abraçando os pais, contando o que vivenciaram no dia. Normal é ver a família reunida à mesa, rindo de experiências divertidas que aconteceram durante alguma atividade. Normal é ver os pais olhando nos olhos dos filhos e dizendo a eles o quanto são importantes, amados e valorosos. Isso é normal!

A perfeita linguagem do amor refere-se a uma comunicação intencional baseada no fortalecimento de vínculos afetivos, a um estilo de vida que gera crenças positivas de identidade, capacidade e merecimento.

DECIDIR-SE PELO AMOR

Este episódio aconteceu enquanto eu esperava por um amigo no aeroporto. Procurando localizá-lo no portão de desembarque, notei um homem que vinha com duas malas. Ele parou perto de mim para cumprimentar sua família. Primeiro, ele abraçou o filho mais novo, que parecia ter cerca de 6 anos.

Eles trocaram um longo e carinhoso abraço antes de se separarem o suficiente para olhar um no olho do outro. Foi quando eu ouvi o pai dizer: "É tão bom ver você, filho. Eu senti tanta falta de você!". O filho sorriu e, meio acanhado, respondeu suavemente: "Eu também, papai!". Então o homem se levantou, contemplou os olhos do filho mais velho (talvez 9 ou 10 anos) e disse: "Você já está um homenzinho. Eu amo muito você, Zach!". E também trocaram um longo e fraterno abraço. Enquanto isso acontecia, uma bebê estava agitada nos braços da mãe. O homem, segurando delicadamente no queixo da menina, disse: "Olá, minha gatinha!" e pegou a criança suavemente. Ele a beijou no rosto e a apertou contra o peito.

A menina relaxou imediatamente, simplesmente deitou a cabeça no ombro dele e ficou imóvel em pura satisfação. Depois ele entregou a filha aos cuidados do mais velho e declarou: "O melhor por último". E deu em sua esposa o beijo mais longo e mais apaixonado que eu me lembro de ter visto. Ele a olhou nos olhos por alguns segundos e então silenciosamente declamou: "Eu a amo tanto!". Olharam-se nos olhos enquanto abriam grandes sorrisos e davam-se as mãos. Por um momento, me pareceram recém-casados, mas pela idade das crianças ficava claro que não era esse o caso.

Senti um incômodo de repente, era como se eu estivesse invadindo algo sagrado, e fiquei embasbacado ao ouvir minha própria voz nervosamente perguntar: "Emocionante! Quanto tempo os dois têm de casados?". "São catorze anos", ele me respondeu, sem desviar o olhar do rosto da esposa. "Bem, então, quanto tempo você esteve fora?". O homem finalmente se virou e olhou para mim, ainda irradiando um sorriso jovial: "Dois dias inteiros!". *Dois dias?* Fiquei atordoado. Pela intensidade da saudação, concluí que ele tinha se afastado por pelo menos várias semanas, se não meses. Eu sei que minha expressão me traiu nesse momento. Eu disse quase imediatamente, procurando terminar minha intrusão com alguma graça (e voltar a procurar por meu amigo): "Eu espero que meu casamento seja apaixonado assim depois de doze anos!". O homem deixou de sorrir de repente, me olhou diretamente nos olhos e, com uma expressão séria que até me assustou, respondeu: "Não espere, amigo... DECIDA!".

DECIDA COMUNICAR AMOR PARA O SEU FILHO

Se existisse um túnel do tempo, quanto daria para voltar ao passado e receber um abraço e um elogio de seus pais? Talvez você sinta falta de uma melhor comunicação de amor na infância, por isso vem repetindo os mesmos padrões com seus filhos. Será que, no futuro, seu filho daria o mesmo que você para voltar ao passado e receber um abraço e um elogio seu?

Na Febracis, partimos do pressuposto de que os pais amam os filhos e sempre acertam mais do que erram. Contudo, muitas vezes, acabamos nos culpando, nos criticando e nos acusando por não conseguirmos educar nossos filhos como gostaríamos. Temos a tendência de querer fugir de tudo aquilo que gera dor e desprazer, e passamos a ignorar o que precisa ser mudado. Desse modo, a possibilidade de agir com integridade da próxima vez só diminui, e nossa identidade e a de todos aqueles ao nosso redor vão, pouco a pouco, sendo destruídas.

Portanto, nosso convite a você é: decida hoje se dar uma nova chance, escolha perdoar a si mesmo e a quem o fez sofrer e construa uma nova história para si e para sua família, iniciando um novo tempo para você e toda a sua descendência.

EXISTE DIFERENÇA ENTRE AMOR E AMAR?

O amor é a perfeita linguagem. Fomos criados em amor e para amar. Não o amor sentido ou pensado, mas aquele de atos, palavras e ações. O amor comunicado de modo verbal, por meio de palavras, e aquele comunicado de maneira não verbal, por meio de gestos, comportamentos. Esse amor comunicado de modo puro, irrestrito, intenso e constante produz cura física, emocional e espiritual; beneficia não só a você, mas também todos aqueles ao seu redor. Afinal, como bem compartilhamos no Método CIS©, quem decide sobre a qualidade da própria comunicação também decide de maneira extraordinária a qualidade de seus pensamentos, sentimentos e de toda sua vida.

Muitas vezes, ouço alguém dizer: "Preciso amar mais meus filhos". Pergunto: "Você está se referindo a amar comunicar ou a amar sentir?". Muitas pessoas

Passo 1 – Comunique a perfeita linguagem do amor **93**

entendem que amar é apenas um sentimento quando, na realidade, amar é uma decisão, um verbo, uma ação.

Você não depende de sentimentos para amar. Para sentir o amor, é preciso, antes, comunicar. Quanto mais intenso for o amor comunicado, mais intenso será o pensamento de respeito, amor, honra, carinho. Esse pensamento vai virar memória, a qual, por sua vez, produzirá sentimento. Esse sentimento se tornará uma crença, e como toda crença – aquilo que acreditamos e que temos convicção –, é autorrealizável.

De que adianta ter um grande amor pelo filho se esse sentimento não se transformar em ação?

Pais que comunicam amor estão nutrindo a autoestima dos filhos, enchendo seu "tanque" de amor e transformando o seu lar em um ambiente de afeto.

Trabalhei, por muito tempo, com a educação de crianças na faixa etária de 2 a 10 anos. Por esse motivo, tive a oportunidade de atender a diversas famílias. Muitas vezes, observava crianças chegando na escola com a cabeça baixa, o semblante triste, e as ouvia comentar sobre o que estavam vivendo e como estavam se sentindo. Observava que, frequentemente, as famílias nem imaginavam pelo que essas crianças estavam passando. Houve um caso em que a criança estava sofrendo bullying na escola. Os pais descobriram e vieram até a instituição exigir que tomássemos providências. Nós, como escola, tomávamos as medidas que nos cabiam. No entanto, eu percebia que, mesmo com o fim do bullying, a criança ainda se sentia mal. Isso porque o que ela mais precisava era se sentir verdadeiramente amada pela família. Estudar em escola classe A, ter mochila da moda ou tênis de marca não lhes garante autoestima. Elas precisam, antes de tudo, de experiências de pertencimento, importância e conexão em amor na família, por meio das quais uma perfeita linguagem do amor também se manifesta. Por isso, meu grande desafio era mostrar àqueles pais que, antes de tudo, a criança precisava recuperar a autoconfiança e a autoestima. E o processo começa quando ela experimenta a perfeita linguagem do amor na família.

Sara Braga

OS FUNDAMENTOS DA
PERFEITA LINGUAGEM DO AMOR

A perfeita linguagem precisa ter bases palpáveis para que faça parte do seu dia a dia. Duas características fundamentais dessa linguagem são o conteúdo transmitido e, consequentemente, os sentimentos produzidos por ele. O conteúdo se refere ao que é percebido e interpretado pela pessoa que recebe a comunicação. É como uma mensagem de e-mail lida por quem a recebe.

Entretanto, não é qualquer mensagem ou conteúdo que vai produzir a perfeita linguagem. Há quatro fundamentos de conteúdo da perfeita linguagem: pertencimento, importância, significado e distinção. São fundamentos linguísticos que podem construir ou destruir, aproximar ou afastar, curar ou adoecer, motivar ou desmotivar.

FUNDAMENTO 1: PERTENCIMENTO

Pertencer é uma necessidade humana. O ser humano é, por natureza, um ser social, feito para viver em grupo. Mostre a seu filho que ele não está sozinho no mundo, que tem uma base, um alicerce maior e estável, que é a família.

Certo dia, atendi ao telefone próximo a um amigo, que observou enquanto eu falava com meu filho mais velho. Ele me ouviu chamá-lo pelo nome. Ao desligar o telefone, me olhou e disse: "Sara, você chama seu filho pelo nome? Não faça isso. Ele é seu filho! Chame-o de FILHO!". Refleti um pouco e percebi que fazia todo sentido o que ele me dissera. Dali em diante, sempre que vou me comunicar com meus filhos, não mais os chamo pelo nome, mas de filho e filha. Pode realmente parecer algo simples, mas, se pensarmos bem, ao falarmos "filho(a)", criamos uma conexão maior com eles e uma sensação de pertencimento a um núcleo. Você consegue se lembrar da emoção quando ouviu seu bebê dizer "Papá... mamá"? Como se sentiu nesse momento? Por certo, uma emoção ímpar, você era reconhecido como o "pai" ou a "mãe" dele. Ninguém mais.

É disso que estou falando, uma experiência de pertencimento simples, mas forte, que demonstra um amor personalizado para nossos filhos! Filhos

Passo 1 – Comunique a perfeita linguagem do amor **95**

> que sabem que são amados, aceitos e pertencentes à família sentem que têm o suporte de que precisam para ir ao mundo e alçar voos mais altos. Tornam-se como uma árvore frondosa, que cresce bonita e forte, pois está bem alicerçada em sua raiz, que é a família.
>
> **Sara Braga**

FUNDAMENTO 2: IMPORTÂNCIA

Outro ponto essencial que precede a verdadeira comunicação de amor é a importância. Quando você para tudo o que está fazendo e olha nos olhos de seu filho, escutando atentamente o que ele tem a lhe dizer, o faz se sentir importante. Ainda que naquele momento você não possa se estender tanto no contato, pode dizer: "Filho, que bom ver você. Amo você. Você é meu tesouro. Mais tarde, teremos um tempo juntos, só eu e você, combinado?".

Permita-se viver momentos a sós com seu filho. Quantas vezes nossos filhos pedem um pouco de nossa atenção? Porém, frequentemente, corremos o risco de lançar sobre eles todo o estresse e a frustração vividos durante o dia. Precisamos vigiar nossas emoções constantemente e perceber de que forma estamos utilizando o tempo que possuímos. Será que não podemos delegar determinadas tarefas ou abrir mão delas para estar mais tempo com nossos tesouros?

O tempo com eles é precioso e passa muito rápido. Quando são pequenos, em geral, sempre estão abertos e sedentos pela nossa presença. Porém, à medida que crescem, escolhem estar ou não conosco. O que você tem feito para estar mais perto de seus filhos, para que eles queiram estar perto de você porque se sentem importantes? Estabeleça uma rotina, um horário definido, seja qual for o tempo de que você dispõe hoje. Procure delegar ou terceirizar atividades secundárias que tomam o tempo que você tem com seu filho.

Será que você tem dado mais importância a cuidar da casa que a estar com seus filhos? De que forma pode fazer com que seu filho participe das atividades que precisam ser realizadas, como manter a ordem no lar? Se você o incentivar e acompanhá-lo nas tarefas, ele terá prazer em ajudar, ainda mais ao saber que vocês ganharão mais tempo de qualidade juntos ao terminar.

96 Decifre e fortaleça seu filho

Será que você tem sido pai ou mãe apenas de fim de semana? O que pode delegar ou de que pode abrir mão hoje para ter mais tempo de qualidade com seus filhos? Elimine qualquer sentimento de culpa, perdoe a si mesmo pelo que ainda não fez e permita-se agir a partir de agora de acordo com suas possibilidades, para aumentar a quantidade e a qualidade do tempo que tem com eles.

Reserve na agenda momentos para estar com seus filhos durante a semana. Encontre oportunidades de fazer refeições com eles, a mesa é lugar de encontro e comunhão. Aproveite os intervalos do dia, ligue para seus filhos sem motivo além de lembrá-los de que você os ama.

FUNDAMENTO 3: SIGNIFICADO

Seus filhos sabem o que significam para você hoje? Não estamos perguntando o que significam para você, mas se, de fato, você tem demonstrado, por meio de atos, palavras e ações, o que eles representam em sua vida. Se você perguntasse a seus filhos, neste exato momento, o que eles significam para você, qual seria a resposta deles?

Quantas crianças começam a mentir para os pais, a esconder seus erros e suas falhas, porque temem, ao apresentarem a nota baixa tirada, o brinquedo quebrado, por exemplo, perder o amor deles? É que, embora os pais amem os filhos de maneira incondicional, e saibam disso, muitas vezes o sentimento não fica claro para eles, os filhos.

Crianças são concretas, aprendem por meio do que veem, sentem e ouvem. Será que, quando nos encontramos com nossos filhos, eles percebem nosso sorriso, nosso olhar e nosso entusiasmo? Ou será que temos passado por eles com indiferença ou até mesmo tentando fugir para que não atrapalhem nossos afazeres? Será que eles sabem quão amáveis são, independentemente do que fazem, ou estão a todo momento se esforçando para serem vistos e amados por nós?

Não espere ocasiões especiais para demonstrar a seu filho o que ele significa para você. Não dê como certo que ele sabe o quanto você o ama, expresse esse amor sabendo quão importante é para uma criança, assim como para qualquer ser humano, se sentir amado! Convide-o o quanto antes para rever os álbuns de fotos e expresse a alegria sentida pela chegada dele na família. Diga a ele que, não importa o que aconteça, ele sempre terá seu amor, pois é seu filho.

FUNDAMENTO 4: DISTINÇÃO

Cada filho é único e precisa saber que é amado de maneira individual e irrestrita. Será que em sua casa há um filho que se sente mais ou menos amado que os outros? Será que você tem um tempo dedicado exclusivamente a cada um deles? Tem amado a todos eles da mesma maneira ou cada um de modo particular, como cada um deles gostaria de ser amado? Você tem aceitado cada filho do jeito que é ou tem feito comparações entre um filho e os irmãos ou entre seu filho e o "filho da vizinha"?

Quando nossos filhos nascem, criamos uma série de expectativas sobre eles. Mas eles não são nossas expectativas, são o que são. Não nasceram para realizar nossos sonhos e projetos pessoais, mas para realizar um propósito único e particular que está dentro deles. Nosso papel consiste em ajudá-los a ser tudo aquilo que eles têm potencial de ser.

Portanto, nossa aceitação e nosso amor incondicional por cada um deles precisam ser trabalhados dentro de nós para que sejam revelados em toda a nossa comunicação verbal e não verbal. A comunicação fala por si só. A forma como nos expressamos pode construir ou destruir, aproximar ou afastar, motivar ou desmotivar.

Ao ser incentivada a cada pequena conquista, a criança se desenvolverá com uma visão positiva sobre si mesma e se sentirá empoderada para vencer os desafios da vida.

AS DEZOITO MANEIRAS PODEROSAS PARA UMA COMUNICAÇÃO DE AMOR EFICAZ

Ao longo da minha trajetória estudando sobre desenvolvimento humano, entendi o quanto somos seres relacionais. A forma como nos comunicamos faz toda a diferença, principalmente na relação com os nossos filhos. Trago aqui para vocês dezoito maneiras práticas que restauram e fortalecem os vínculos familiares.

MANEIRA 1: AFETO

A primeira maneira de amar é comunicar afeto. Se buscarmos no dicionário, afeto refere-se ao sentimento de afeição por pessoa; amizade. Assim, o afeto é a expressão dos nossos sentimentos e emoções por meio do beijo, abraço, afago, carinho, expressão facial, tom de voz. O afeto é uma das formas de manifestar os sentimentos que temos por aqueles que amamos.

Além disso, o abraço, uma das maneiras de demonstrar afeto, ainda aumenta o nível de ocitocina, molécula também conhecida como hormônio da felicidade, que ajuda a tornar as pessoas mais honestas e gentis.

Quão importante para você é a confiança dos seus filhos em você? Como seria sua vida hoje se tivesse experimentado com maior frequência o afeto familiar nos momentos alegres e desafiadores da vida? Apenas a palavra "confiança" para nós, pais, já seria suficiente. Ter a confiança do seu filho garante que ele conseguirá ser verdadeiro e transparente com você, que vai procurá-lo sempre que precisar. Portanto, o afeto é uma ferramenta extraordinária para aumentar a conexão com os filhos e ajudá-los a crescer felizes e fortes emocionalmente.

MANEIRA 2: V0

Estar em V0 significa entrar em velocidade zero, estar em conexão. É a velocidade em que os relacionamentos se iniciam, é estar de corpo e alma em cada situação da vida e em cada relacionamento, vendo, ouvindo e sentindo tudo que acontece.

É ainda o estado atemporal e infinito em que nos tornamos realmente capazes de amar a nós mesmos e ao próximo. Quando olhamos nos olhos do outro, o mundo à nossa volta passa despercebido e nos agarramos ao único tempo que temos: o aqui e o agora.

Para isso, é necessário olhar fixamente nos olhos do outro, respirar no mesmo ritmo e enxergar aquilo que as palavras não deixam transmitir. Como dizem, os olhos são a porta da alma.

Essa prática também é conhecida como rapport. Em grandes negociações e em situações diversas do dia a dia, utilizar essa técnica garante acessar os sentimentos e as emoções de quem se olha, estabelecer empatia, aprofundar-se na compreensão do outro e até ser capaz de persuadir e influenciar pensamentos e comportamentos.

Qual foi a última vez que você olhou nos olhos do seu filho e da sua filha? Silenciou e olhou para dentro daquela criança para perceber medos e alegrias? Qual foi a última vez que você parou para escutá-la ou escutá-lo?

Então, vamos praticar? Sente-se diante do seu filho. Olhe-o nos olhos. Experimente ser uno, você e ele. No início, pode ser que ele sorria e não consiga fixar o olhar, mas não desista, é assim mesmo. Com treino, você vai colher muitos frutos desse momento tão poderoso. Só não espere ocasiões especiais para demonstrar ao seu filho o que ele significa para você.

Pelo hábito, meu filho Daniel, de apenas 6 anos, me chama para conversar ou contar algo que aconteceu com ele durante aquele dia. O que eu estiver fazendo, eu paro, me abaixo, olho para ele e digo: "Fala, filho". Ele olha bem no fundo dos meus olhos e ali ficamos por algum tempo. Ele narra entusiasmado os acontecimentos e eu valorizo aquilo que está me trazendo. Naquele momento, eu permaneço conectado com ele. Alma com alma. Naquele instante, ele vive a experiência de se sentir importante, conectado em amor e pertencente. Depois, ele sai confiante, seguro, feliz, sabendo quem verdadeiramente é e o valor que tem para mim.

MANEIRA 3: DIÁLOGO

Para o fortalecimento dos vínculos afetivos na família, a abertura ao diálogo é fundamental. E para que isso aconteça, é necessário falar com respeito e ouvir com muita atenção. A Bíblia diz que nós temos que respeitar o próximo da mesma maneira que gostaríamos de ser respeitados (Mateus 22:39). A mesma Bíblia diz que quando você não escuta até o final o que a outra pessoa tem a falar, você está sendo estúpido (Eclesiastes 11:8).

A minha pergunta é: Como você tem escutado as pessoas? E os seus filhos? Você tem estado atento ao que eles querem falar? E quando você precisa se colocar, você tem conseguido se expressar com tranquilidade e paciência? Ou você fala rápido e gritando? E quando eles falam, você escuta até o final ou interrompe no meio e já questiona? Será que, antes mesmo de o outro dizer, você já está elaborando julgamentos e pensando na resposta?

É fato que nem sempre teremos os mesmos pontos de vista, mas isso não diminui nossa qualidade de amor. É por meio do diálogo que aumentamos nossa visão de mundo e nos abrimos para novos entendimentos.

Entenda que dialogar não significa concordar com tudo que os seus filhos têm a dizer, ou mesmo deixar de se posicionar como pai e mãe. Eu sempre digo aos meus filhos: "Eu não sou seu amigo, eu sou seu pai. Amigo não daria a vida por você. E eu dou". Não me eximo da responsabilidade de me posicionar, porém, existe uma grande diferença entre exercer autoridade e ser autoritário. Portanto, eu converso com meus filhos, ouço com atenção o ponto de vista deles, mas, quando preciso me posicionar, não deixo de fazê-lo, sempre com respeito.

MANEIRA 4: VALIDAÇÃO

Validar é reconhecer que os sentimentos e as atitudes de uma pessoa merecem ser elogiados, respeitados e valorizados. É identificar algo de valor em alguém, por mais simples que seja. A validação agrega valor, traz à tona o que de melhor a pessoa possui e eleva o desempenho em qualquer área da vida. De maneira geral, o ser humano possui dificuldade de reconhecer as qualidades do outro e, muitas vezes, esse impedimento aumenta quando as pessoas a quem precisamos validar são mais próximas. O ser humano tende a manter o foco no que é negativo.

O estudo do cientista e psicólogo organizacional chileno Marcial Losada, em conjunto com a professora Emily Heaphy, da Universidade de Michigan, analisa as emoções de equipes comerciais de alto desempenho e mostra, matematicamente, a importância de validar positivamente alguém para se obter o melhor de uma relação, seja ela pessoal ou profissional. Losada e Heaphy descobriram que, para manter qualquer tipo de relacionamento com qualidade, é preciso uma proporção mínima de três interações positivas para cada interação negativa; isto é, para cada crítica feita, você deve fazer, no mínimo, três elogios. Esse é o balanço ideal entre comentários positivos e negativos.[17]

Com nossos filhos, podemos validar com palavras, mas também com gestos, com um belo sorriso e olhar, ou com um toque gentil e amoroso nos cabelos. É importante que possamos nos valer, sobretudo, de um elogio que empodere nossos filhos, fazendo-os perceber o quanto são capazes. Dessa forma, podemos encorajá-los por suas vitórias com comentários do tipo: "Uau, filho, percebo que você melhora a cada dia!", "Como se sente por ter conseguido isso, campeão?", "Parabéns, filho! Deixe-me lhe dar um abraço!". Ao ser incentivada a cada pequena conquista, a criança se desenvolverá com uma visão positiva sobre si mesma e se sentindo preparada para vencer os desafios da vida.

Se em algum momento do dia pessoas elogiem e parabenizem seu trabalho, é provável que a sua percepção mude radical e positivamente, pois o poder de um elogio sincero, agradável e inesperado vai muito além da compreensão racional. Essa atitude estimula sentimentos positivos, sensações de prazer, bem-estar e é conhecida como validação. A maioria das pessoas acredita que só deve elogiar a criança quando ela faz algo bem-feito, e questionam: "Por que elogiar se ele não fez mais que a obrigação, não fez nada de extraordinário?". Esse pensamento é um pouco equivocado porque, como demonstra a pesquisa de Losada, primeiro precisamos elogiar para depois colher os benefícios.[18] No entanto, a maioria das pessoas está entendendo a dinâmica humana de modo diferente. Um pai comum, por exemplo, espera que o filho tire uma ótima nota para começar a elogiá-lo, enquanto um pai reset começa a fazer elogios para que então o filho comece a tirar boas notas.

---

17 LOSADA, M.;HEAPHY, E. The role of positivity and connectivity in the performance of business teams. **American Behavioral Scientist**, v. 47, n. 6, p. 740-765, fev. 2004. Disponível em: https://journals.sagepub.com/doi/abs/10.1177/0002764203260208. Acesso em: 13 set. 2021.

18 *Ibidem.*

MANEIRA 5: PROFETIZAR

Profetizar é predizer o futuro em tom de fé e otimismo. No Evangelho de Mateus 15:11 encontramos: "Não é o que entra na boca que torna o homem impuro, mas o que sai da boca, isso torna o homem impuro". De fato, acreditamos fortemente, como falamos ao longo deste livro, que as palavras têm grandes poderes que podem ser utilizados de modo a causar efeitos tanto positivos quanto negativos nos outros, principalmente nas crianças.

Se você está sempre repetindo aos seus filhos frases como "Cale a boca", "Você não sabe nada", "Deixa eu fazer logo, porque você não termina nunca" e "Estou ocupada, não tenho tempo para você", ainda que inconscientemente, eles vão tirar as próprias conclusões: "Não presto", "Não faço nada direito", "Só atrapalho a vida dos meus pais", "Não sou bom o bastante", e aí por diante. Consequentemente, vão formando crenças deturpadas sobre quem são, o que são capazes e o que merecem viver, e a tendência é que essas crenças se tornem realidade.

Em contrapartida, se você usar a boca apenas para falar coisas boas a respeito de seus filhos, terá só pensamentos felizes e de sucesso sobre eles e, assim, encherá o coração de sentimentos maravilhosos. Passará a vê-los como pessoas prósperas, capazes e repletas de valor. A forma como você olhar para seu filho, assim ele será.

O PAI PERDOA[19]

Escute, filho: enquanto falo isso, você está deitado, dormindo, uma mãozinha enfiada debaixo do seu rosto, os cachinhos louros molhados de suor grudados na fronte. Entrei sozinho e sorrateiramente no seu quarto. Há poucos minutos, enquanto eu estava sentado lendo meu jornal na biblioteca, fui assaltado por uma onda sufocante de remorso. E, sentindo-me culpado, vim para ficar ao lado de sua cama. Andei pensando em algumas coisas, filho: tenho sido intransigente com você. Na hora em que se trocava para ir à escola, briguei com você por não enxugar direito o rosto com a toalha. Chamei-lhe a atenção por não ter limpado os sapatos. Gritei furioso com você por ter atirado alguns de seus pertences no

---

19 LARNED, W. L. O pai perdoa. In: CARNEGIE, D. **Como fazer amigos e influenciar pessoas**. São Paulo: Companhia Editora Nacional, 2012.

chão. Durante o café da manhã, também impliquei com algumas coisas. Você derramou o café fora da xícara. Não mastigou a comida. Pôs o cotovelo sobre a mesa. Passou manteiga demais no pão. E quando começou a brincar e eu estava saindo para pegar o trem, você se virou, abanou a mão e disse: "Tchau, papai!" e, franzindo o cenho, em resposta lhe disse: "Endireite esses ombros!".

De tardezinha, tudo recomeçou. Voltei e quando cheguei perto de casa vi-o ajoelhado, jogando bolinha de gude. Suas meias estavam rasgadas. Humilhei-o diante de seus amiguinhos fazendo-o entrar na minha frente. As meias são caras – se você as comprasse tomaria mais cuidado com elas! Imagine isso, filho, dito por um pai!

Mais tarde, quando eu lia na biblioteca, lembra-se de como me procurou, timidamente, uma espécie de mágoa impressa nos seus olhos? Quando afastei meu olhar do jornal, irritado com a interrupção, você parou à porta: "O que é que você quer?", perguntei implacável. Você não disse nada, mas saiu correndo num ímpeto na minha direção, passou seus braços em torno do meu pescoço e me beijou; seus braços foram se apertando com uma afeição pura que Deus fazia crescer em seu coração e que nenhuma indiferença conseguiria extirpar. A seguir, retirou-se, subindo correndo os degraus da escada. Bom, meu filho, não passou muito tempo e meus dedos se afrouxaram, o jornal escorregou por entre eles, e um medo terrível e nauseante tomou conta de mim. Que estava o hábito fazendo de mim? O hábito de ficar achando erros, de fazer reprimendas – era dessa maneira que eu o vinha recompensando por ser uma criança. Não que não o amasse; o fato é que eu esperava demais da juventude. Eu o avaliava pelos padrões da minha própria vida.

E havia tanto de bom, de belo e de verdadeiro no seu caráter. Seu coraçãozinho era tão grande quanto o sol que subia por detrás das colinas. E isso eu percebi pelo seu gesto espontâneo de correr e de me dar um beijo de boa noite. Nada mais me importa nessa noite, filho. Entrei na penumbra do seu quarto e ajoelhei-me ao lado de sua cama, envergonhado! É uma expiação inútil; sei que, se você estivesse acordado, não compreenderia essas coisas. Mas amanhã eu serei um papai de verdade! Serei seu amigo, sofrerei quando

> você sofrer, rirei quando você rir. Morderei minha língua quando palavras impacientes quiserem sair pela minha boca. Eu irei dizer e repetir, como se fosse um ritual: "Ele é apenas um menino – um menininho!"
>
> Receio que o tenha visto até aqui como um homem feito. Mas, olhando-o agora, filho, encolhido e amedrontado no seu ninho, certifico-me de que é um bebê. Ainda ontem esteve nos braços de sua mãe, a cabeça deitada no ombro dela. Exigi muito de você, exigi muito.
>
> **W. L. Larned**

Quantos pais, na tentativa de corrigir os filhos, atacam sua identidade com frases como: "Você é muito preguiçoso!", "Você não faz nada direito", "Você é irresponsável"? A tendência é que as crianças se convençam de que são aquele mau comportamento e acabem repetindo-o várias vezes. Então, se é para corrigir seu filho, procure um local reservado, onde estejam só você e ele. Conecte-se com ele primeiro pelo olhar, e depois corrija a ação, preservando a real identidade dele: "Filho, você é responsável, amigo, gentil, honesto. Esse comportamento não combina com você, não diz, de fato, quem você é".

Ensine-o a refletir sobre o que fez e a entender que o erro é uma etapa do aprendizado. Pergunte: "O que você pode aprender com isso?" e "De que forma você pode resolver o que aconteceu?". Corrija o comportamento de seu filho e preserve sua identidade. Profetize coisas boas na vida dele, diga palavras positivas sobre quem ele é e sobre o que vai conquistar. Assumindo o comando da comunicação, toda a sua família será beneficiada. O desafio está em termos domínio próprio e sabedoria para, mesmo diante de situações difíceis e dolorosas, controlarmos as palavras para não reforçarmos os problemas; em usarmos as mesmas palavras para abençoar, mudar a realidade, transformar nossas crenças sobre nós mesmos e sobre os outros.

MANEIRA 6: CUIDAR

O significado da palavra cuidar é: reparar, atentar, prestar atenção. Cuidar refere-se a estar atento às necessidades emocionais e físicas do outro, no dia a dia.

São atitudes simples, mas que fazem as pessoas se sentirem amadas. Como é bom chegar em casa e ver que alguém que amamos preparou com carinho uma refeição para quando voltássemos de um dia cansativo de trabalho. Perceber que alguém ficou com seus filhos para que você pudesse descansar um pouco mais naquele dia.

Se é assim para um adulto, imagine a importância para uma criança, que quanto menor, mais dependente é dos seus pais. São gestos simples, como zelar pela limpeza da casa para garantir que a criança esteja em um ambiente saudável, preparar sua comida, lavar suas roupas e atender as suas necessidades físicas e emocionais durante aquele dia.

Talvez, você possa estar querendo me perguntar: "Mas todo pai e toda mãe não fazem isso, Paulo?". A resposta é não. Infelizmente, há pais que negligenciam os cuidados com seu filho, ou ainda que terceirizam completamente esses cuidados.

Pagar para uma pessoa prestar esses serviços a você não o isenta de atentar para as necessidades do seu filho. Mesmo nos casos em que tenha esse auxílio, na medida do possível, tenha alguns rituais de cuidado com a criança. Ofereça água, faça uma refeição especial (a maioria de nós tem uma memória bastante afetiva em relação à comida da mãe), se ela precisa de um remédio, leve-o você; acompanhe-a no médico e esteja disponível para atender as suas necessidades físicas e emocionais o máximo de vezes possível.

Como você pode imaginar, não param de chegar compromissos e responsabilidades em minha agenda. Mas, mesmo assim, eu e Camila reservamos momentos para deixar o nosso filho mais novo na escola, comparecer às festinhas, à feira de ciências, entre tantos outros em que sei que a nossa presença será fundamental para ele. Já pensou como seria triste se, naqueles momentos em que meu filho se preparou e se dedicou para apresentar algo, eu não estivesse presente? Imagina se ele visse os pais dos colegas lá e não encontrasse eu e a Camila, como seria? Será que ele se sentiria cuidado ou abandonado? Por isso, amigo, amiga, pergunto: você quer que seu filho se sinta amado? Cuide dele!

MANEIRA 7: SOCORRER O FILHO EM SUAS NECESSIDADES

Será que seu filho vem lhe pedindo algo que você prometeu que resolveria, mas até agora não tomou nenhuma atitude para que isso acontecesse? Não queremos dizer, com isso, que ele não possa esperar. Afinal, nem tudo pode ser na hora e do jeito que ele quer, e esse é um aprendizado valioso para a vida. Mas será que você tem dado, de fato, a devida importância aos cuidados que você deve ter para com ele?

Atender às necessidades físicas, levar para o médico, socorrer.

O que é urgente para ele, também é urgente para você.

MANEIRA 8: PARTICIPAR

Você conhece seu filho verdadeiramente?

Uma das atuais estratégias do marketing consiste em mapear profundamente o cliente, conhecer suas dores, seus medos, seus sonhos, entre outros quesitos. Isso tudo para que as empresas sejam capazes de utilizar ferramentas mais assertivas para atender à necessidade daquele comprador.

Sua família e filhos não são uma empresa ou um negócio que precisa de marketing digital, mas, do mesmo modo, para que você possa se conectar da melhor maneira possível com eles, é necessário conhecê-los em profundidade. Qual é a cor favorita, o filme preferido, a comida de que mais gostam, os lugares que gostariam de visitar, os medos, os sonhos, os desejos...? A quantas dessas perguntas você saberia responder com segurança a respeito de seu filho ou de sua família?

Procure descobrir essas coisas aos poucos. Assista a filmes em família, observe as personagens com os quais a criança mais de identifica, conheça o time de que seu filho mais gosta. Vale até fazer uma pesquisa mais aprofundada sobre algo de que ele goste muito, como determinado jogo, por exemplo. Assim, você terá mais elementos para se conectar verdadeiramente. Peça-lhe que o ensine a jogar o jogo preferido e aventure-se na brincadeira. Aprenda a conhecer, a gostar do que ele gosta; procure compreender como ele pensa; conheça mais sobre a personalidade dele e procure saber cada dia mais. Você vai perceber e sentir os ganhos desse conhecimento na relação e na comunicação com seu filho.

MANEIRA 9: LIMITE

Mesmo que seu filho se chateie, mesmo que ele até fique algumas horas sem falar com você, estabelecer limites é imprescindível. O preço a ser pago por essa atitude pode, de maneiras diferentes, ser desconfortável tanto para a criança quanto para o pai ou mãe, mas proporcionar limites é tão necessário quanto desafiador.

Dar limites é amar; não dar limites é abandonar, é o sussurro do descaso com a vida de um filho. Ao dar limites eu garanto que o meu filho não caia nos buracos da vida, nem para a esquerda, nem para a direita. Quando você dá limites ao seu filho, está pavimentando um caminho sem grandes desvios.

MANEIRA 10: PACIÊNCIA

No dicionário, paciência é uma característica de paciente, de quem não perde a calma ou suporta algo sem reclamar. Paciência, algo que todo mundo espera dos outros, mas poucos estão dispostos a cultivar. É ou não é verdade? A teoria DISC, que veremos em breve, explica como essa pode ser uma tarefa mais ou menos desafiadora para alguns tipos de perfis comportamentais que existem, mas quero que se lembre de que ela é necessária a todos os indivíduos, sobretudo, dentro de um relacionamento.

O tempo da minha esposa Camila é diferente do meu. O tempo do meu filho mais novo, Daniel, é diferente do tempo do Mateus, que é diferente do tempo da minha primogênita, Júlia. Cada um deles está vivendo um processo diferente, tem um perfil comportamental distinto, está em uma fase específica do desenvolvimento humano e possui uma identidade única.

Eu não posso comparar um filho meu com o outro. Eu não posso comparar o meu processo e o processo da minha esposa. Eu preciso me tornar capaz de compreender a pessoa que eu estou enxergando não sob a minha óptica, mas sob a realidade dela, e considerar a individualidade que ela possui. Isso não significa que eu não possa dizer o que eu espero do próximo, também não significa deixar o outro parado, na zona de conforto, sem enxergar as possibilidades

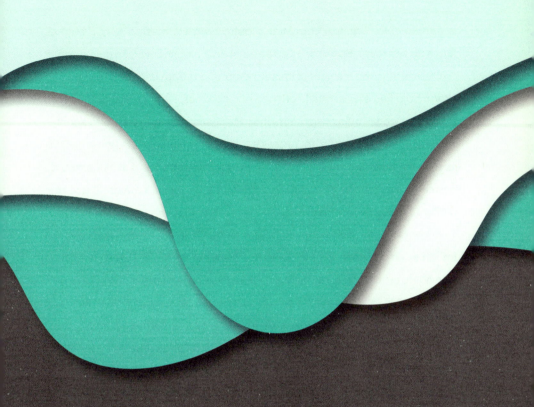

Há quatro fundamentos de conteúdo da perfeita linguagem: pertencimento, importância, significado e distinção.

de crescimento. Significa comparar o outro com ele mesmo, e não com os outros ao seu redor. Enxergar a versão atual com a melhor versão dele mesmo.

Quem me conhece sabe o quanto digo que a Camila com quem eu sou casado hoje não é a Camila de quando nos casamos. Hoje, eu sou casado com uma nova Camila, infinitamente melhor. Mas não pense que tudo isso aconteceu de um dia para a noite, foi necessário que eu tivesse e ainda tenha paciência para entender o tempo e processo que ela vive todos os dias. A Camila, da mesma forma, precisa exercitar, diariamente, a paciência comigo. É isso que mantém o nosso relacionamento.

Assim também ocorre com os nossos filhos. Cada um deles requer de mim um olhar, um cuidado e uma paciência diferente. Um dia, Daniel, meu filho mais novo, estava colocando dificuldade para se alimentar. Camila sentou para acompanhá-lo, mas a situação se estendeu e percebi que, se ficasse mais um momento ali, ela poderia perder a paciência. Então, sentei, pedi para que eu o acompanhasse na refeição. Meu filho Daniel já dá sinais de um perfil mais dominante, por isso, gosta de poder, e como toda criança, gosta de brincar, de imaginar e de criar. Considerando isso, disse: "Filho, nós vamos construir uma torre! Para cada colher de comida que você colocar na boca, nós vamos colocar um objeto sobre a mesa e empilhar um sobre o outro, que tal?". Ele logo se entusiasmou. E eu disse: "E ainda tem mais, filho! Você vai ganhar uma capa que vai lhe dar superpoderes enquanto estiver comendo!". Preciso dizer o que aconteceu? Daniel comeu toda a comida que estava no prato! Foi preciso paciência para sair do meu olhar e dos meus interesses naquele momento, para só então enxergar a realidade do meu filho. A minha agenda estava lotada? Sim. Não me faltavam situações para resolver. No entanto, ali o foco não eram o meu tempo e a minha necessidade, mas atender meu filho de 4 anos que precisou de um tempo e de uma atenção diferente naquele momento.

Por isso, se você quer educar seus filhos e ter relacionamentos fortes e duradouros, você vai ter que, todos os dias, cultivar paciência. Vai ser preciso valorizar a identidade da criança, ter empatia, só assim será possível ajudá-la a ser cada dia melhor. O outro pode evoluir, mas é um processo e você vai precisar ter paciência!

MANEIRA 11: RESPEITO

A palavra respeito provém do latim *respectus* e significa "atenção" ou "consideração".

O respeito é um dos valores essenciais nas relações familiares, implica reconhecer em si e nos outros direitos e obrigações. Quando existe respeito na família, geramos empatia, isto é, nos colocarmos no lugar do outro, e independentemente das diferenças de idade é possível criar uma convivência saudável.

Muitas vezes, os pais, com a melhor das intenções, entendem que ter o respeito dos filhos significa anular o direito deles de se expressar. O filho que se expressa entende que pertence, que é importante, que é amado e que é respeitado. Isso não significa que os pais devem sempre concordar com tudo ou ser permissivos.

Será que você tem permitido que seu filho expresse o que ele pensa? Você tem ouvido ele sobre suas emoções, sentimentos e pensamentos com amor e respeito?

Como você está vivendo o respeito dentro da sua casa?

MANEIRA 12: AMAR A SI MESMO

Você já pensou que amar a si é um pré-requisito para a qualidade do amor que doa ao próximo? Na Bíblia, em Mateus 22:39, há o seguinte mandamento: "Ame ao seu próximo como a si mesmo". Nessa perspectiva, amar a nós mesmos é um pré-requisito do amor que doamos aos nossos filhos, nossos cônjuges e a todos os que estão ao nosso redor.

Como eu vou amar o próximo, se eu não me amo? Como eu posso amar e respeitar os meus filhos e o meu cônjuge se eu não faço isso por mim? A autoestima, de modo geral, pode ser entendida pelo quanto o indivíduo se quer bem e ela interfere em todos os pilares da vida. De fato, isso influencia na forma como tratamos as pessoas ao redor e em como tratamos a nós mesmos. Quem gosta de si mesmo não procrastina, se sabota ou se boicota com comida e bebida exagerada.

A maior parte dos resultados financeiros, conjugais e emocionais é definida pelo quanto o indivíduo se ama. E lembre-se: pai, mãe, educador, você é referência! Se você amar a si, o seu filho poderá aprender com seu exemplo a ter autoestima.

Quando nós não nos amamos, a tendência é que nos tornemos mais exigentes e insatisfeitos com os outros, esperando que façam por nós aquilo que nos falta. Quantos pais "abandonam" a própria vida para viver apenas para o filho, descuidando da sua saúde, estudos, conjugalidade, espiritualidade, entre outros aspectos essenciais, e vivem unicamente pelos filhos? Isso não significa que pai e mãe não precisam renunciar pelos seus filhos, pelo contrário. Renúncias serão necessárias, mas não devem ser motivo para que os pais abandonem suas necessidades pessoais e específicas.

Ao negligenciar a sua individualidade, a tendência é que a conta seja cobrada com os filhos. Ou que, em algum momento, esses responsáveis cheguem ao esgotamento de si. Portanto, amar a si é também uma forma de amar o próximo. E eu recomendo seriamente que considere isso, se não por você, pelo menos por aqueles que precisam de seu apoio.

MANEIRA 13: SURPRESA DE AMOR

Quem de nós não gosta de uma surpresa? Chegar em casa e ver que para o almoço tem o seu prato preferido! Ou receber, de maneira inesperada, algo que havia muito tempo gostaria de ter ganhado. Ou fazer um passeio para o lugar de que mais gosta. Muitas são as possibilidades de surpreender a quem se ama. Surpresa de amor não envolve, necessariamente, presentes materiais; às vezes, pode ser um bilhete, um gesto ou um lanche especial.

A surpresa é uma emoção que chega e aparece de maneira rápida e inesperada. E tem a característica de facilitar a mobilização para outra emoção: surpresas positivas proporcionam alegria! E como é bom proporcionar sentimentos positivos a quem nós amamos.

Quando nossos filhos nascem ou nos primeiros anos de casados, tudo é novidade e tendemos a viver cada dia como se fosse único. Mas o que acontece com uma planta que não é regada, adubada e cuidada? Ela morre e não produz frutos. Assim também são as nossas relações, elas precisam da nutrição certa, e uma forma eficaz de fazer isso é por meio da surpresa.

Houve um dia em que surpreendi meus filhos Matheus e Daniel na escola, levando-os para almoçar comigo. Depois, fomos cortar o cabelo juntos. E, por fim, levando-os para brincar comigo no shopping. Já imaginou como estava o semblante deles olhando para mim após aquele dia? Um rosto de amor, gratidão e admiração. Uma memória que vão guardar para o resto da vida.

E se surpreender seus filhos se tornar um hábito na sua casa, como será a sua família?

MANEIRA 14: HARMONIA

O amor gera harmonia. Se em uma família existem caos, conflitos constantes, desentendimentos, reclamações e críticas, é porque ali existe uma disfunção. E toda disfunção merece ser tratada.

Se procurarmos no dicionário o significado de harmonia, veremos que essa palavra tem dois sentidos principais que se complementam.[20] O primeiro é: "Equilíbrio ou combinação entre elementos que ocasiona uma sensação agradável ou aprazível". E o segundo: "Concordância ou concórdia; em que há acordo ou falta de conflitos". Portanto, entende-se que é a harmonia que torna o ambiente e as relações saudáveis, pacíficas e prazerosas. Isso não quer dizer que não existirão conflitos, mas que eles serão solucionados com respeito.

Um lar sadio se constrói a partir de uma ambiência emocional positiva. E, para isso, é necessário ordem interior e exterior.

Já escutei algumas queixas, do tipo: "Meu filho não sai do quarto e do celular, não interage, não socializa com a gente. O que tem de errado com ele?". Se algum dia você pensou isso, põe amor nas minhas palavras: Será que tem algo errado com ele ou com você e sua família? Quando ele está com você e os demais membros da família, o que ele experimenta? Qual é a qualidade das relações que ele presencia? Como se estabelecem os vínculos entre você e os demais membros da família, entre você e ele? Será que quando está

---

20 Harmonia. *In*: DICIO, **Dicionário Online de Português**. Porto: 7Graus, 2021. Disponível em: https://www.dicio.com.br/harmonia/. Acesso em: 6 set. 2021.

com você ele escuta mais críticas, ordens e reclamações? Ou será que ele tem mais experiências em que se sente amado, pertencente, importante e conectado em amor? Será que ele encontra relações de concórdia, paz, respeito ou de gritos, críticas e ofensas?

Portanto, a harmonia é um termômetro que sinaliza a qualidade do amor que há em um relacionamento. Se queremos que nossos filhos cresçam felizes e fortes emocionalmente, precisamos garantir que experimentarão harmonia nas relações que estabelecem e presenciam na família.

MANEIRA 15: PERDÃO

Perdoar é uma habilidade que necessita de treino. Uma criança não aprende a andar do dia para a noite, e, portanto, o ser humano também não aprende a perdoar de imediato. Assim como toda mudança radical, perdoar requer decisão e muito treino. Muitas vezes, o perdão é uma jornada, um exercício diário de não criticar em demasia, não reclamar, não se vitimizar, não julgar. E, no lugar dessa antiga comunicação negativa, apenas amar o outro. Se perdoar custa, guardar mágoa e rancor possui um preço futuro infinitamente maior. Toda e qualquer desgraça física, financeira, espiritual ou familiar vem de um estado de não perdão.

Metaforicamente, o amor é como o sangue que circula na nossa corrente sanguínea. É possível viver sem o oxigênio liberado em nosso corpo por meio do fluxo que corre em nossas veias? E, de maneira análoga, é possível viver sem o amor circulando dentro de nós? Com certeza, não. Se o amor gera vida, o estado de não perdão gera a morte instantânea ou duradoura, mas sempre dolorida.

Se quer ser feliz, decida perdoar. Se quer ter um vínculo forte, seguro e saudável com os seus filhos, comunique amor. Não precisa ser fácil, basta ser possível. Treine até se tornar o pai ou a mãe amorosa e carinhosa que você nasceu para viver. E isso só será possível quando você decidir perdoar: seu cônjuge, seus pais, seus filhos, seus parentes, seus amigos e toda e qualquer pessoa que o feriu. A vida e a educação dos seus filhos fluirão como você nunca viu antes quando liberar perdão a quem o feriu.

114 **Decifre e fortaleça seu filho**

Por que será que, às vezes, você manifesta um comportamento com os seus filhos e sequer se reconhece mais? Olha e não entende o motivo para tratá-los de maneira tão grosseira e rude? Por que tanta dificuldade e falta de ter paciência para educá-los? Por que tanta indisposição para sentar no chão e brincar junto? Qual é o perdão que você precisa dar a si mesmo e aos outros para elevar à quinta potência a sua relação com os seus filhos?

Portanto, para educar é preciso amar. E só ama verdadeiramente quem está disposto a fazer do perdão um estilo de vida. Comece perdoando a quem lhe causou dores que hoje considera mais simples e vá adiante, até viver um processo diário e contínuo de cura. Afinal, o perdão é um processo, não um acontecimento. O perdão é primeiro para você e somente depois para o autor da afronta. Perdão é uma escolha, é uma decisão, é restituição. Quem perdoa se torna vitorioso, pois ganha crenças novas e fortalecedoras iniciadas pelo perdão aos outros e a si mesmo.

MANEIRA 16: FIDELIDADE

Quem de nós não daria tudo para ter alguém fiel ao nosso lado? Uma pessoa em quem pudéssemos contar em todas as circunstâncias: alegres, tristes, fáceis, desafiadoras, de êxito ou de fracasso. Ser fiel é o compromisso de estar do lado de alguém em qualquer circunstância, seja ela boa ou ruim.

Como é bom viver ao lado de quem tem um compromisso de fidelidade conosco. Por outro lado, como é triste viver ao lado de alguém que vive ameaçando deixar de nos amar a depender da situação.

É por isso que amor de pai e mãe precisa ser fiel. Seus filhos precisam saber que você os ama incondicionalmente. Filhos que têm medo de perder o amor dos pais vivem para agradar tudo e todos, mas podem, assim, nunca se realizar e acabar se perdendo deles mesmos. Filhos que sabem que são amados incondicionalmente se sentem livres para ser quem são e serem verdadeiros em todas as situações.

Por que muitos filhos escondem situações de seus pais? Por que agem de um jeito quando estão com eles e de outro quando não estão? Por que algumas crianças têm tanto medo quando alguém diz: "Eu vou contar para sua mãe ou para o seu pai"?

Passo 1 – Comunique a perfeita linguagem do amor **115**

O amor fiel cria um vínculo seguro para a vida crescer e se desenvolver de maneira plena e autêntica. Filhos que sabem que possuem o amor fiel dos pais sentem-se seguros para viver, ousar, perdoar, aprender e criar vínculos fortes e duradouros.

E você pode me perguntar: "Mas como fazer isso?". Não ameace ou condicione o seu amor, expresse-o ao seu filho em atos, palavras e ações em todas as circunstâncias. Assim, você contribuirá de modo mais efetivo para que cresça saudável e forte emocionalmente.

MANEIRA 17: CUMPLICIDADE

O termo cumplicidade também é utilizado como uma atitude positiva e desejável, principalmente quando o assunto é a família. Imagina como seria a sua família se essa atitude positiva fosse um hábito?

É na família que aprendemos a ser solidários, amigos. A vida de intimidade de uma família gera vínculos fortes. Viver a cumplicidade concretamente de modo intencional fortalece os relacionamentos familiares.

MANEIRA 18: PAGAR O PREÇO

Nos relacionamentos, quando desejamos comunicar o nosso amor, vivemos inevitavelmente momentos de sacrifício, isto é, abrimos mão de algo em prol do outro. Atitude que, de maneira muito concreta, faz transparecer o nosso amor pelo outro e muitas vezes restaurar um relacionamento quebrado.

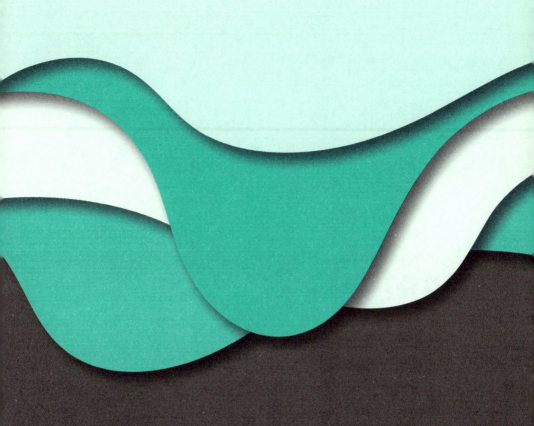

Você conhece seu filho verdadeiramente?

capítulo 7:
passo 2 – identifique a fase de desenvolvimento do seu filho

sara braga

"Todas as pessoas grandes foram um dia crianças, mas poucas se lembram disso."[21]

Antoine de Saint-Exupéry

De todas as espécies, o ser humano é uma das que têm as crias mais despreparadas para a sobrevivência, é a mais dependente de atenção, abrigo, alimentação e educação por um longo período de tempo. Desde o nascimento e durante toda a infância, precisamos de muita coisa para um bom desenvolvimento físico, mental, intelectual e afetivo, e há algumas condições para que isso aconteça da melhor maneira possível.

Acompanhar o crescimento dos filhos pode ser desafiador e requer de nós, muitas vezes leigos no mundo da educação, dedicação e interesse para que tenhamos as informações corretas. Só dessa maneira, e com sabedoria, poderemos tomar as melhores decisões no dia a dia para nossa família, a começar pelas coisas mais simples, como falar com os filhos olhando-os nos olhos, validando seus comportamentos positivos e tendo como hábito abraços sem pressa ao longo do dia. Conhecer as fases que nossos filhos estão vivendo ou pelas quais vão passar nos traz clareza e nos aponta caminhos para uma comunicação assertiva e que reflita verdadeiramente o amor incondicional que sentimos por eles.

Vamos adentrar agora em um assunto que vai clarear a nossa forma de lidar com os filhos. Ao longo dos anos muitos estudiosos foram mapeando as fases da vida do ser humano, e aqui apresento algumas características das crianças de 0 a 12 anos. A partir de agora vamos falar de desenvolvimento infantil.

0-2 ANOS

A figura materna, desde a concepção, tem importância significativa na vida da criança, sobretudo na fase inicial. Nesse período, a mãe representa segurança, vida, amor, atenção exclusiva e fonte de todo o bem.

21 SAINT-EXUPÉRY, A. **O pequeno príncipe**. São Paulo: Gente, 2020. [e-book]

O bebê, até o segundo mês de vida, desenvolve-se compreendendo a si como ser uno à mãe. A criança vê o seio da mãe como prolongamento de si mesmo, e todas as emoções, boas ou ruins, são conferidas a ele.

Isso acontece porque nesses primeiros meses a relação entre mãe e filho ainda apresenta características simbióticas advindas da gestação. Entretanto, com base nas pesquisas dos psicanalistas infantis Melanie Klein (1882-1960) e Donald Winnicott (1896-1971),[22] observou-se que, após o segundo mês de vida, a criança consegue se distinguir do seio materno e começa a identificar o outro como algo além dela. A partir daí, já compreende que é uma coisa, e a mãe, outra.

O bebê sofre muito com a rejeição, pois é totalmente dependente e egocêntrico, acredita que tudo existe em função dele e para ele. Quando, nessa fase, não encontra apoio e atenção nos pais e percebe a demora em ser atendido, acredita que não é aceito. E se os pais não demonstram alegria e prazer por estar com ele, isso é quase sempre determinante para torná-lo inseguro, desconfiado. Se o bebê não pode confiar nos outros, não aprende a ter confiança em si mesmo, não pode ter uma autoestima equilibrada.

Por tradição, conveniência, machismo, ignorância, falta de informação e outros tantos motivos, a grande maioria dos autores fala e escreve muito sobre os cuidados maternos com o bebê e muito pouco sobre o papel e a importância da figura do pai. Toda criança tem direito a um pai, como tem direito a ter mãe. O pai não pode estar ausente porque os relacionamentos interpessoais com o bebê devem começar com o próprio nascimento. Quanto mais tarde começar essa relação, mais difícil ela será para os dois.

Tenho que reforçar: um bebê que se sente querido, importante, terá uma boa imagem de si, vai aprender a gostar de si próprio e a valorizar-se como pessoa. Se é querido pela mãe, a atenção do pai serve para reforçar sua certeza. Amor, aceitação e apoio favorecem o desenvolvimento, enquanto indiferença, desprezo e agressividade vão afastar a criança do seu pleno desenvolvimento e impedir que ela explore todas as potencialidades físicas, intelectuais e afetivas a que tem direito.

***

22   WINNICOTT, D. W. **Conversando com os pais**. São Paulo: Martins Fontes, 1999.

Para Jean Piaget (1896-1980), teórico que trouxe grandes contribuições para a área da psicologia do desenvolvimento, o período da vida da criança que se passa entre o nascimento e os 2 anos é denominado sensório-motor.[23] Cognitivamente, essa fase indica a capacidade da criança de conhecer o mundo por meio do manuseio de objetos e de seus sentidos. É uma fase marcada pelo movimento e pelas sensações. É por meio do exercício de segurar o objeto, levá-lo à boca, lançá-lo ao chão, entre outras ações direcionadas a esse tipo de contato, que a criança apreende o mundo à sua volta e dá saltos no desenvolvimento.

Henri Wallon (1879-1962), outro grande pesquisador da área do desenvolvimento infantil, denomina a primeira fase, considerada, em geral, dos 0 aos 3 anos de vida, de sensório-motora e projetiva. Para Wallon, nesse período a criança se utiliza da emoção para comunicar suas necessidades, além de ser o modo como cria um elo com o meio biológico e social.[24]

O teórico afirma que, durante o primeiro ano de vida, a criança está voltada à construção de si. Daí podemos entender que a forma como nos comunicamos com essa criança faz toda a diferença em sua saúde física e mental, na construção de sua identidade e até mesmo em sua autoestima futura.

O cuidado, as brincadeiras, as músicas, as histórias, o abraço demorado, o aconchego na hora de dormir são exemplos de experiências de memórias positivas que ficam marcadas e serão matéria-prima para a formação de crenças positivas de identidade, capacidade e merecimento.

Aos 2 anos, de acordo com Wallon, a fala e as condutas são representativas, projetando-se em gestos. Ou seja, os atos motores e a fala não advêm mais da imitação da ação do outro, mas das próprias representações da realidade que a criança constrói na mente.

Além dessas características, um traço importante que interfere significativamente no desenvolvimento humano é o contexto social em que estamos inseridos. Segundo Lev Vygotsky (1896-1934), teórico que estudou o desenvolvimento infantil, os seres humanos aprendem com base na mediação de outro indivíduo.

---

23 LA TAILLEY, Y.; OLIVEIRA, M. K.; DANTAS, H. **Piaget, Vygotsky, Wallon**: teorias psicogenéticas em discussão. São Paulo: Summus, 1992.

24 *Ibidem.*

Os estudos de Vygotsky propõem que, para avançar da zona de desenvolvimento real (ZDR) – onde se está em relação ao aprendizado – para a zona de desenvolvimento potencial (ZDP) – o que se é capaz de alcançar com aprendizado –, é necessária a mediação de instrumentos e signos, bem como a interação com alguém mais experiente, que pode ser um familiar, um educador, outros colegas da mesma idade ou de idade superior.[25] Então, os conhecimentos adquiridos por uma criança nessa fase vão ter origem nas relações sociais, sempre influenciadas pelas condições culturais, sociais e históricas vigentes.

Como pais, somos referência, porque tudo o que uma criança ouve, vê e sente por meio das relações desenvolvidas vai virar memórias que podem potencializar seu desenvolvimento saudável.

Aos 2 anos, a criança vive o que alguns estudiosos chamam de explosão das palavras, porém a aquisição da linguagem é um processo que depende de um longo período de estimulação auditiva e também afetiva. Crianças sem afeto falam mal e mais tardiamente. Até os 3 anos, as crianças vivem um período crucial no desenvolvimento, pois estabelecem os primeiros contatos com o mundo ao redor e reforçam os primeiros vínculos e relações que vão reverberar durante toda a vida.

3-6 ANOS

Você já reparou que crianças de 3 ou 4 anos, quando estão brincando com um coleguinha, costumam não gostar de emprestar seus brinquedos e frequentemente dizem que tudo é delas? Isso acontece porque, até mais ou menos os 6 anos, as crianças têm dificuldade em se colocar no lugar do outro. A criança nessa fase é egocêntrica, e tem a noção de que o mundo é feito para ela, voltado apenas para os seus desejos.

É também nesse período que as crianças veem os pais ou cuidadores como deuses. Essas pessoas são referenciais para tudo e elas farão qualquer coisa que essas figuras de poder pedirem. Logo, tudo o que os pais dizem é visto pelo filho como verdade absoluta. Se falam coisas boas e validam a criança sempre pelos bons comportamentos, ela tenderá a ter um crescimento positivo.

---

25 *Ibidem.*

O cuidado, as brincadeiras, as músicas, as histórias, o abraço demorado, o aconchego na hora de dormir são exemplos de experiências de memórias positivas...

O contrário também vale: se viver em um ambiente de briga e desarmonia, poderá crescer com comportamentos de insegurança e ansiedade. É essencial que os pais procurem conhecer os filhos com base na visão de mundo deles e sejam capazes de entender o modo como agem, como pensam e os medos que possuem.

Nessa idade, até o tempo é diferente do nosso. A criança vê o tempo como algo absoluto, um contínuo eterno que se repete e passa lentamente. Sabendo disso, os pais podem se utilizar desse "tempo eterno" para ensinar os filhos, pois tudo o que a criança vê nessa fase é importante. Se você possui uma relação de amor com ela, tudo o que for ensinado será internalizado e assimilado. Contudo, é imprescindível que os pais busquem inteligência emocional e proporcionem experiências positivas aos filhos. É importante também que, ao identificarmos comportamentos disfuncionais nos filhos, possamos nos fazer as seguintes perguntas:

- **Por que meu filho apresentou este comportamento? É um reflexo de sua personalidade ou algo que foi desenvolvido?**
- **Há algo na rotina familiar que precisa ser mudado?**
- **Com quem, onde e quando ele adquiriu este comportamento?**
- **O que posso mudar em meu comportamento para facilitar a mudança de comportamento do meu filho?**
- **Que rede de apoio posso criar para o bem dele?**

Como falamos, os pais são referência, tudo o que uma criança ouve, vê e sente por meio dessas relações vai gerar memórias que podem potencializar seu desenvolvimento saudável. Mas é essencial que nós, como pais, não isentemos a criança de suas responsabilidades, e devemos atribuir a ela somente aquilo a que é capaz de responder. Cabe a nós, como adultos autorresponsáveis, conduzir a educação dos nossos filhos implementando as modificações necessárias para que deem saltos positivos no desenvolvimento.

Inclusive, um alerta que faço é para que os pais não deixem os filhos chorando por muito tempo. Alguns pais acreditam que essa atitude é realmente prejudicial, outros a tratam como mito, mas o ato de deixar uma criança chorando sozinha fará com que acredite que não merece atenção. E, como já vimos, pais e cuidadores são tudo para a criança. Situações como essa podem passar para a criança a impressão de que você não a ama, então ela fará tudo para obter esse amor de volta.

Do mesmo modo, a birra é uma forma de demonstrar a incapacidade da criança de lidar com o "não", além de ser um ato egocêntrico típico da fase de desenvolvimento. Sabendo disso, os pais podem encontrar um meio de lidar com essas atitudes, como esperar a criança se acalmar e conversar com ela olhando-a nos olhos.

Também é comum, nesse período, o medo, que tem origem na ansiedade da separação com a mãe e ansiedade consigo mesmo, bem como no fato de a criança não conhecer a realidade. Tudo antes estava muito vinculado à sua maneira de ver as coisas. É corriqueiro as crianças terem medo do primeiro dia de aula, pois acham que o pai ou a mãe não vão voltar para pegá-las. Nessa fase também costumam ter medo de dormir, pois não conseguem distinguir o mundo real do imaginário.

Uma forma incrível de ensinar crianças nessa faixa etária é por meio de brincadeiras. Como fala Piaget, "brincar é alimento para a mente". De acordo com o teórico, seus filhos desenvolvem habilidades enquanto brincam.[26] De início, desenvolvem as primeiras manipulações motoras fazendo experiências com objetos e, posteriormente, por volta dos 2 anos, passam a brincar do "jogo da imitação", quando começam a imitar os pais, por exemplo. Com o passar dos anos, as brincadeiras vão se estruturando cada vez mais e evoluem para brincadeiras sociais realizadas com outras crianças ou adultos.

Inclusive, é nessa fase que a criança vê seus brinquedos como continuação de seu ser, uma ideia muito advinda da lógica egocêntrica inerente a ela, como já visto anteriormente. E é por isso que, em geral, crianças com mais ou menos 3 anos não gostam muito de emprestar seus brinquedos. Costumam, muitas vezes, chorar quando a mãe ou o pai lhe tomam o brinquedo e o entregam a

---

26 *Ibidem.*

outra criança. Isso porque o brinquedo é como um pedaço delas mesmas que não pode ser entregue sem sua permissão. A criança, nessa fase, pode apresentar comportamento centrado em suas vontades, mas é uma época da vida que não dura para sempre.

7-9 ANOS

Nesse novo período, o desenvolvimento cognitivo da criança tem uma evolução extraordinária, e ela passa a assumir mais características de racionalidade. A realidade torna-se mais objetiva, deixando de se resumir apenas à maneira dela de ver o mundo. Os pais não são mais tão perfeitos e absolutos, e ela já consegue identificar as falhas e qualidades deles, bem como as dos outros e as suas próprias.

Wallon entende que entre os 5 e os 9 anos, com a maior evolução da cognição, há tendência ao aparecimento de uma forma mais diferenciada de pensamento, denominado por ele categorial.[27] Nessa fase, são desenvolvidas as capacidades de abstrair conceitos concretos, e a criança inicia um processo de categorização mental, quando atribui a cada objeto as características próprias dele, tornando-o distinto dos outros.

À medida que as estruturas cognitivas evoluem, a criança também passa a adquirir competências sociais e relacionais que favoreçem sua inserção em grupos. Nessa fase, fazer parte de um grupo é essencial. Seja entrar para o time de futebol, de vôlei ou de xadrez, o importante é que ela possa exercitar as habilidades sociais indispensáveis à vida.

Ao participar de grupos, fica mais fácil para a criança a assimilação de regras e a comunicação empática.

A escola torna-se, nesse período, um dos lugares mais importantes depois de sua casa. É nesse ambiente que ela será estimulada a adquirir mais conhecimento e crescimento cultural, porém é importante entender que cada criança é única e possui um ritmo de aprendizagem diferente e pessoal. Se

27 *Ibidem.*

esse ritmo não for respeitado, ela poderá perder a motivação e ter dificuldade de aprendizagem.

Os pais precisam estar atentos e apoiar os filhos quando atingem bons resultados, manifestando alegria, reconhecendo suas conquistas e validando--as. Da mesma forma, é crucial apoiá-los quando apresentam resultados negativos. As crianças devem ser encorajadas e motivadas a melhorar e superar as dificuldades, devem ser lembradas também que não estão sozinhas, mas não se deve deixar de adverti-las com propriedade, se for preciso. Uma criança que não tem o apoio dos pais poderá crescer desmotivada, sem vontade de realizar atividades comuns como ir à escola, e adquirir comportamentos que não tinha antes, como mentir.

HISTÓRIA DA ANINHA

Aninha, uma criança de 8 anos, era conhecida na escola por ter um sorriso largo e usar laços no cabelo. Porém, começou a tirar notas baixas e a tratar os colegas de modo muito rude. Foi se tornando uma criança ranzinza e amarga, os amiguinhos não queriam nem ficar perto dela e começaram a se afastar. A professora da menina, vendo a mudança repentina de humor, pediu que os pais comparecessem à escola. Contou a eles tudo que estava acontecendo e perguntou como estavam em casa, se estavam passando por algum problema.

Eles relataram que estava tudo bem, apenas andavam muito atarefados com o trabalho novo do pai, que começara a viajar bastante; e com a nova rotina da mãe, que havia iniciado um novo curso de mestrado e estava se dedicando muito aos estudos. Depois de ouvir o relato dos dois, a professora lembrou das sementes dentro de um jarrinho que havia preparado com as crianças em sala de aula para um experimento de Ciências. Resolveu dar aos pais de Aninha uma das sementes e um jarrinho para que eles plantassem, cuidassem e conversassem com ela todos os dias. Pediu, ainda, que dentro de quinze dias eles retornassem com a planta. Eles não entenderam nada, principalmente a parte em que conversariam com a planta. Mas fizeram

Passo 2 – Identifique a fase de desenvolvimento do seu filho **127** como ela os instruiu. Cuidaram, adubaram e conversaram com a plantinha. Entretanto, poucos dias depois, devido a todas as atividades que eles tinham, deixaram-na de lado. Passados os quinze dias, retornaram para conversar com a professora e trouxeram o jarrinho com a planta murcha, sem cor, seca, sem vida. Disseram que não tiveram tempo de cuidar dela todos os dias, pois estavam muito ocupados e tinham outras prioridades.

A professora então disse a eles: O que aconteceu com essa plantinha está acontecendo com a Aninha. Ela anda cabisbaixa, irritada, sem brilho. Assim como uma semente que precisa de luz, adubo e cuidado para crescer forte e saudável, Aninha também precisa que vocês deem atenção, carinho, abraços e elogios, isto é, tempo de qualidade. Ela precisa que vocês a amem com palavras e atitudes. Ouvindo o que a professora dizia, os pais de Aninha encheram os olhos de lágrimas, pois se deram conta do que estavam fazendo com a filha, o bem mais precioso que possuíam. Daquele dia em diante, tomaram a decisão de não deixar de lado a filha que tanto amavam. E mesmo que tivessem muitos afazeres ao longo do dia, a prioridade seria o tesouro mais valioso da família: Aninha.

10-12 ANOS

Quase na adolescência, a criança já desempenha diversas atividades que envolvem contato social além do meio familiar, e passa por algumas transformações físicas desencadeadas pela "avalanche" de hormônios que tomam conta dela. As relações de amizade, por exemplo, tornam-se cada vez mais importantes.

Se quando mais novos nossos filhos já eram bombardeados por informações e aprendizados advindos de diversos meios, à medida que a inteligência se desenvolve, todo o conhecimento adquirido lhes permite conhecer o mundo com suas regras, normas, descobertas científicas e oportunidades. Esse é o momento propício para as crianças aprenderem a conviver umas com as outras.

Sabemos que somos seres de relacionamento, e é nessa época da vida que começamos a compreender melhor o valor de uma amizade verdadeira, com suas alegrias e seus desafios. É especialmente nessa fase que as crianças necessitam de apoio para saber lidar com os erros e as falhas dos amigos.

É nesse momento também que nós, como pais, temos a oportunidade de ensinar aos nossos filhos valores como tolerância e perdão com os outros e consigo mesmos. Eles estão se descobrindo e, nesse processo, precisam de ajuda para se aceitarem como são. A criança pode desejar ser grande, acreditando ser um super-herói que nunca erra, mas é essencial que ela compreenda que somos seres que podem errar, porém que podem aprender com os próprios erros, exercitando a tolerância e o esforço.

Com isso em mente, o perdão vem a ser um valor importante a ser trabalhado com as crianças dessa fase, uma vez que passam a viver em comunidade de maneira mais intensa. Ensinar a elas a pedir desculpas e perdão pelos erros cometidos é fundamental para uma convivência saudável com todos ao redor e consigo mesmas.

Nessa fase, é importante também estar alerta a comportamentos mais introvertidos, em que nossos filhos passam muito tempo trancados no quarto ou focados em aparelhos eletrônicos.

Sabemos que não é fácil ser pré-adolescente; o desenvolvimento de sua inteligência está bem mais aflorado que o de suas competências emocionais, que continuam em evolução. Portanto, as crianças, nessa fase, podem acabar deixando de lado e enterrando sentimentos que, mais tarde, na vida adulta, poderão levar a transtornos depressivos ou a outros problemas de saúde. Problemas que também podem aparecer durante a própria adolescência.

O fato é que não queremos que nossos filhos passem por situações de sofrimento, mas, quando elas ocorrerem, é de extrema importância que possam aprender, crescer e saber lidar racional e emocionalmente com elas. Para Daniel Siegel e Tina Bryson, é essencial que as crianças consigam integrar razão e emoção, ou, como chamam, integrar o lado esquerdo e o direito do cérebro. De acordo com os autores, a saúde emocional é o fluxo harmonioso entre os dois extremos do cérebro.[28] É saber utilizar, na medida certa, a razão e a emoção.

28   BRYSON, T. P.; SIEGEL, D. J. **O cérebro da criança**. São Paulo: nVersos, 2015.

Ao ajudar nossos filhos a integrarem esses dois extremos, permitimos que eles naveguem de um lado para o outro de modo mais saudável, podendo-se abrir a novos estímulos e a novas experiências.

***

Vimos, até aqui, um esboço da jornada que nossos filhos enfrentam nos primeiros anos de vida, até o fim da infância. Nessas fases, tudo é um grande descortinar para o mundo, com diversas cores, sabores, emoções e experiências, e é o início de uma vida inteira que eles terão pela frente. Nossa participação na constituição e na descoberta de quem eles são é de extrema importância, além de sermos nós os responsáveis por proporcionar as experiências que vão marcar todo o desenvolvimento deles. É preciso entender que, como pais, é imprescindível dar atenção não apenas à saúde física, mas também à saúde emocional de nossos filhos.

Nesses primeiros anos, nossos filhos estão desenvolvendo suas estruturas cognitivas e emocionais, e suas emoções vão interferir diretamente na evolução de sua inteligência racional à medida que crescem. É fundamental, ainda, que tenhamos a consciência de que nossa saúde emocional vai interferir diretamente no desenvolvimento de nossas crianças, da mesma maneira que nossa própria autoestima interfere na construção da autoestima delas. Como já discutimos, somos os principais referenciais para elas até os 6 anos. O que sentimos, o que falamos e como nos comportamos são sentidos e replicados. Se nossos filhos são afetados por nossas emoções desde o útero, imagine o quanto são influenciáveis quando já são seres conscientes de si e da realidade que os cerca?

Os pais precisam estar atentos e apoiar os filhos quando precisarem de ajuda, mostrando que o seu amor é incondicional, e quando atingirem bons resultados, manifestando alegria, reconhecendo suas conquistas e validando-as.

Nossos filhos são tesouros para nós. É uma missão linda e preciosa ser pai e mãe ou assumir esse papel. É desafiador, requer muito esforço, paciência, tolerância, cuidado e, primordialmente, amor. Um amor que precisa ser construído todos os dias a cada fase vivenciada por eles junto a nós.

Os pais precisam estar atentos e apoiar os filhos quando precisarem de ajuda, mostrando que o seu amor é incondicional.

capítulo 8:
passo 3 – decifre seu filho

paulo vieira

té aqui compreendemos que a perfeita linguagem do amor é a forma de comunicação universal que podemos e devemos ter não apenas com nossos filhos, mas com todos aqueles que amamos; e compreendendo que cada fase de desenvolvimento infantil exige um tipo de comunicação e resposta muito própria e específica, temos a certeza de que você já começa a desenhar o próprio manual de como educar cada um dos seus filhos.

Iniciaremos agora a jornada em uma das principais teorias sobre análise de comportamento humano. Ela já é utilizada por nós e está presente em outros projetos, como no CIS Assessment e no Mini Mega Assessment, ferramentas de análise de perfil comportamental de adultos e da percepção dos adultos sobre o perfil comportamental das crianças, respectivamente.

O MINI MEGA ASSESSMENT

Pense em todas as vezes em que você teve alguma dificuldade para lidar com alguém, inclusive seus filhos. Nas vezes em que teve a sensação de não conhecer uma pessoa mesmo depois de anos de convivência. Agora, imagine que você tem o mapa de percepção comportamental do seu filho, da sua filha, com o qual poderá entender o porquê de todas as ações dele, dela. Acha que tornaria a conexão mais fácil? E se nós dissermos que esse mapa já existe e que é totalmente acessível? Que pode ser usado para dialogar na linguagem correta com seu filho, sua filha? Que permite que você mude a postura, o tom de voz e mesmo as palavras escolhidas para conversar, com base no mapa de cada criança, falando de uma forma que ela realmente entenda o que você quer dizer, e permitindo que você também a compreenda? E mais, que oriente exatamente o que valorizar e nutrir na criança? Esse é o Mini Mega Assessment, um software de mapeamento de percepção de perfil comportamental baseado em teorias utilizadas há anos para decifrar as pessoas e entender profundamente a si mesmo e aos outros.

Depois de mais de três anos de estudos e testes, a Febracis lançou, em 2017, um software próprio que permite aos nossos alunos um profundo mapeamento de si: o CIS Assessment. A avaliação, que está em constante aprimoramento, nasceu com foco no mapeamento de perfil comportamental em adultos, mas, após quatro anos, lançamos o Mini Mega Assessment, versão que faz o mapeamento da percepção de perfil comportamental da criança feito pelos seus pais ou cuidadores.

Como funciona o Mini Mega Assessment? Esse mapeamento de percepção de perfil comportamental utiliza a teoria DISC, fundamentada pelo psicólogo William Moulton Marston, que será aprofundada neste capítulo. Você pode ter o mapeamento de percepção comportamental Mini Mega Assessment do seu filho, da sua filha, por meio do site da Febracis ou ao entrar em contato com um analista formado pela empresa. Esse profissional enviará por e-mail os dados de acesso ao software, que chamamos de passaporte. Depois de preencher um breve cadastro, você vai responder a um questionário sobre a sua percepção do comportamento da criança, o que nós chamamos de inventário comportamental. Nele, haverá dez grupos de quatro palavras. No software, você irá ordená-la por intensidade: da que melhor descreve a criança para a que menos a descreve, sempre a partir da sua própria percepção do comportamental natural dela.

Você pode ter o mapeamento de percepção comportamental Mini Mega Assessment do seu filho, da sua filha, por meio do site da Febracis ou ao entrar em contato com um analista formado pela empresa.

134 Decifre e fortaleça seu filho

Veja como é importante o Mini Mega Assessment do seu filho, da sua filha! A leitura deste capítulo ficará muito mais interessante e profunda se você já souber como o Mini Mega Assessment funciona e qual a sua percepção de perfil comportamental da criança avaliada. Se quiser saber mais, acesse o QR Code a seguir e entre em contato com o Mini Mega Time.

Aponte a câmera do seu celular para o QR Code ao lado ou acesse bit.ly/falecomomml para saber mais!

Você deve estar se perguntando: *Então eu preciso ter o Mini Mega Assessment dos meus filhos para conseguir decifrá-los e fortalecê-los*? Não. Com o conhecimento e as experiências que oferecemos neste livro, você será capaz de entender seus filhos, mapeá-los e decifrá-los, mesmo sem ter o Mini Mega Assessment de cada um. No entanto, só é possível ter uma análise e um mapeamento realmente precisos e profundos da sua percepção com a avaliação completa.

FATORES DE COMPORTAMENTO DISC

OS QUATRO FATORES DO COMPORTAMENTO

Não é de hoje que o comportamento humano intriga e fascina estudiosos, líderes e todos aqueles interessados em ter relações interpessoais de maior qualidade. Mas por que temos tanto interesse em compreender o modo como as pessoas agem, pensam e decidem?

O primeiro registro disponível desse interesse vem da Grécia antiga, cerca de 500 a.C., quando começou a ser formulada a Teoria dos Humores. Um dos filósofos mais notáveis desse período foi Empédocles, primeiro a sugerir que os elementos essenciais da natureza eram responsáveis por influenciar o nosso temperamento. De acordo com a teoria, os elementos externos conhecidos como Terra, Fogo, Água e Ar interfeririam diretamente na forma como agimos no mundo.

Um pouco mais à frente, em 370 a.C., Hipócrates, o pai da Medicina, propôs que o nosso temperamento era determinado pelo equilíbrio de quatro fluidos corpóreos: o sangue, a bile negra, a bile amarela e a fleuma. Para Hipócrates:

- Se o sangue fosse o fluido predominante, o indivíduo teria o "temperamento sanguíneo", de reações rápidas, e seria do tipo "alegre" ou agitado;
- Se fosse a bile negra o fluido predominante, o indivíduo teria o "temperamento melancólico", de reações lentas e intensas, e seria do tipo "triste";
- Se a bile amarela fosse o fluido predominante, o indivíduo teria o "temperamento colérico", de reações rápidas e intensas, e seria do tipo "entusiasmado";
- Se fosse a fleuma o fluido predominante, o indivíduo teria o "temperamento fleumático", de reações fracas e lentas, e seria do tipo "calmo".

Na Roma antiga, o médico Cláudio Galeno, grande estudioso de Hipócrates, deu um importante passo ao conceituar a formação dos fluidos proposta por Hipócrates. Para ele, a boa saúde dependia do equilíbrio dos quatro humores corporais, ou da *temperare*, teoria responsável pelo termo "temperamento". O excesso de um dos humores provocaria doenças no corpo e graves distorções na personalidade.

A partir daqui, você vai conhecer o perfil de quatro crianças, que serão analisadas de acordo com a teoria dos temperamentos: Pedro e Mariana, que já foram apresentados na introdução deste livro, e Arthur e Rebeca.

PEDRO

Pedro é uma criança sociável, gosta de fazer amigos em todos os lugares por onde passa e se comunica com bastante facilidade com pessoas de todas as idades. Sua espontaneidade e alegria contagiam as pessoas ao seu redor, e ele raramente fica entediado, sempre pensando em novas brincadeiras e atividades. É ousado, confiante e que gosta de novidades.

Pedro tem características e comportamentos que indicam a possibilidade de um temperamento sanguíneo.

MARIANA

Mariana é uma criança mais lógica e racional. Toma decisões com cuidado e gosta de analisar os detalhes de cada situação, avalia bem antes de entrar em uma brincadeira ou escolher um brinquedo, por exemplo. Gosta de seguir regras e é reservada, o que, às vezes, pode passar a impressão de ser uma criança fria. Mariana argumenta para defender suas ideias e tende a apresentar um estilo mais formal em comparação a outras crianças da mesma idade.

Mariana tem características e comportamentos que indicam a possibilidade de um temperamento melancólico.

ARTHUR

Arthur é uma criança prática, dinâmica e competitiva, tem grande capacidade de liderança e geralmente não desiste daquilo que deseja alcançar.

Arthur tem características e comportamentos que indicam a possibilidade de um temperamento colérico.

REBECA

Rebeca é uma criança calma, pacífica, equilibrada, calorosa e sensível às necessidades das pessoas ao seu redor. Gosta de sua rotina e não reage muito bem a mudanças não previstas ou planejadas.

Rebeca tem características e comportamentos que indicam a possibilidade de um temperamento fleumático.

Ao longo do tempo, a Teoria dos Humores ou dos Temperamentos evoluiu e se aprimorou, e você certamente será capaz de reconhecer um pouco de si ou de alguém próximo em cada uma dessas quatro definições. Mas elas ainda são

Passo 3 – Decifre o seu filho **137**

muito rasas e, apesar de apontarem um caminho bem próximo do que os estudos contemporâneos trabalham, não dão conta da dimensão e das nuances do comportamento humano.

Só muito tempo depois, como veremos a seguir, é que esses conceitos começaram a ganhar corpo, novas definições e fundamentos científicos. Foram precisos quase dois mil anos para chegarmos a uma teoria sólida e abrangente como é a DISC.

A TEORIA DISC NA PRÁTICA

Desenvolvida por William Moulton Marston, a Teoria DISC é atualmente a metodologia mais usada no mundo para compreender o comportamento das pessoas. Em 1928, o advogado e PhD em Psicologia por Harvard, William Moulton Marston, então com 35 anos, apresentou um método de compreensão dos padrões de comportamento humano no livro *As emoções das pessoas normais*.[29] O autor deixou claro no título que seus estudos não se propunham a analisar certos distúrbios mentais (psicopatologias), mas sim entender as emoções cotidianas de pessoas comuns.

Para a realização dessa pesquisa, Marston recebeu um financiamento do exército estadunidense, que tinha como objetivo entender por que os soldados respondiam de maneira diferente aos comandos de seus superiores. A pesquisa mostrou que o segredo para compreender essas diferenças estava na relação estímulo-resposta, isto é, pessoas diferentes respondem de maneiras distintas a um mesmo estímulo. Isso pode parecer uma conclusão óbvia nos dias de hoje, mas naquela época havia muita controvérsia, e esse foi o ponto de partida dos estudos de Marston.

Depois de analisar os padrões de comportamento e as reações instintivas de milhares de pessoas, o pesquisador classificou o comportamento humano a partir da soma de quatro fatores básicos que, em inglês, formam o acrônimo DISC:

---

29   MARSTON, W. **As emoções das pessoas normais**. São Paulo: Success for You, 2016.

- *Dominance* (Dominância): exercer controle sobre, predominar;
- *Influence* (Influência): influenciar uma ação, persuadir;
- *Steadiness* (eStabilidade): manter-se constante, estável;
- *Conscientiousness* (Conformidade): agir de acordo, conforme.

No quadro a seguir, ilustramos esses fatores básicos de comportamento humano:

A esquematização permite uma série de leituras, e nos dá uma boa ideia – e muitas informações – sobre como Marston estudou o comportamento humano. Observe na ilustração a seta que divide a figura na vertical. Note que do lado esquerdo temos pessoas que sentem necessidade de falar e influenciar as outras; seja pelo poder de decidir, seja pela capacidade de argumentação e pelo convencimento. Do lado oposto, direito, encontramos indivíduos que preferem ouvir a falar; em geral, sentem menor necessidade de influenciar os outros, preferem ajustar o seu comportamento às pessoas, a regras e ambientes a ter que influenciá-los.

Neste momento você pode ter começado a identificar um ou alguns dos seus filhos, correto? Ou até mesmo excluí-los de alguma dessas definições.

Agora observe a linha que corta a figura na horizontal. Do lado superior estão os indivíduos que se voltam para as conexões (pessoas e relacionamentos), ou seja, que valorizam a interação social. Já na parte inferior estão aqueles mais voltados para resultados, números, dados, tarefas etc., são pessoas que têm menor dependência de interação social. Isso não quer dizer que esses indivíduos não gostam de pessoas, apenas não sentem tanta necessidade de uma interação tão próxima.

No quadrante inferior esquerdo encontramos o fator de Dominância (ou *Dominance*, em inglês). É nesse espaço que se encontram pessoas cuja necessidade de influenciar se volta para ação e resultados. Quem apresenta esse fator básico de comportamento valoriza muito o poder de decidir, seja sobre suas próprias ações, seja sobre a de terceiros.

Arthur tem características e comportamentos que indicam possibilidade de um perfil com alta dominância.

No quadrante superior esquerdo, encontramos o fator de Influência (ou *Influence*, em inglês). Nele estão os indivíduos cuja necessidade de influenciar está voltada para a conexão com as pessoas. Aqueles que apresentam esse fator gostam de influenciar a partir da persuasão, pois valorizam o diálogo e a interação social.

Pedro é uma criança com características e comportamentos que indicam possibilidade de um perfil com alta influência.

No quadrante superior direito encontramos o fator de eStabilidade (ou *Steadiness*, em inglês). O perfil do indivíduo nesse espaço revela preferência por ouvir, ser empático e tolerante a ter de convencer ou influenciar os outros. São pessoas que escutam mais do que falam, avaliam e ponderam antes de agir. O nome desse fator é estabilidade porque se refere àqueles de comportamento calmo, de ritmo próprio (e constante) e que gostam de previsibilidade. Rebeca é uma criança com características e comportamentos que indicam possibilidade de um perfil com alta estabilidade.

No quadrante inferior direito temos o perfil de Conformidade (ou *Conscientiousness*, em inglês). Aqui, o comportamento do indivíduo se volta para a entrega de qualidade. No entanto, é nítida a preferência desses indivíduos por ajustar o seu comportamento ao ambiente e às pessoas, em vez de influenciá-los. Em geral, buscam agir conforme as regras e os padrões preestabelecidos, e valorizam as normas, sempre seguindo-as à risca.
Mariana é uma criança com características e comportamentos que indicam possibilidade de um perfil com alta conformidade.

O ESSENCIAL DE CADA PERFIL

Ao estudar e pesquisar milhares de pessoas comuns, Marston observou que a população adulta apresentava esses quatro padrões de maneira consistente e duradoura. Ou seja, todos nós temos os quatro fatores em nosso comportamento.

Porém, todo o indivíduo tem um fator mais evidente, e é provável que ele apresente essa característica comportamental por toda a sua vida. Um dos fatores sempre vai se sobressair: Dominância, Influência, eStabilidade ou Conformidade.

Entretanto, ainda que apenas um dos fatores se destaque, o fato é que ainda possuímos os outros três, o que significa que podemos aprimorar certas características importantes e presentes nesses outros fatores, ou até mesmo atenuar certos traços negativos de nosso fator predominante.

No caso das crianças, como apresentam uma tendência a evidenciar o seu fator de destaque, consideramos ainda mais importante identificá-lo e, logo cedo, nutrir as competências dos outros fatores que eventualmente lhe faltem, seguindo as estratégias de comunicar amor mencionadas nos capítulos anteriores.

Em adultos, é possível que, conhecendo o próprio perfil, o indivíduo identifique e desenvolva certas qualidades, aprendendo a usar melhor seus aspectos comportamentais positivos, e a ajustar os eventualmente negativos. Nas crianças, essa tarefa cabe aos pais, por meio da nutrição das competências socioemocionais que veremos a seguir.

O método DISC avalia comportamentos relativamente fáceis de serem percebidos. É possível avaliar quais fatores estão mais presentes em alguém apenas observando a linguagem corporal: como essa pessoa gesticula, seu modo de andar e falar, sua expressão durante uma negociação, a maneira como expõe suas opiniões ou como reage a críticas e elogios que recebe.

Em uma analogia, podemos imaginar que o perfil comportamental de uma pessoa seja o resultado de uma receita composta de quatro ingredientes, no caso, os fatores que compõem o seu perfil de comportamento. Diferentes uns dos outros, cada um de nós apresentará proporções únicas de cada um desses quatro elementos e, em consequência, terá diferentes modos de expressar o seu comportamento.

Cada pessoa, no entanto, terá sempre um ingrediente em maior quantidade que os outros. É justamente esse ingrediente mais frequente que vai indicar o fator de predominância no indivíduo, mesmo tendo em si os outros elementos, em diferentes proporções. Assim, algumas "receitas" levarão muito mais Dominância; outras, uma quantidade menor ou maior de Influência; e outras, talvez apenas uma pitada de Estabilidade ou Conformidade.

No conjunto, a intensidade de cada componente fará toda a diferença no resultado, isto é, na forma como essa pessoa vai expressar o seu comportamento por meio das competências socioemocionais. Você já pode imaginar os diferentes resultados advindos dessas combinações, certo? São realmente incríveis!

Cada pessoa é única, é verdade, mas, ainda assim, cada qual pertence a um grupo com padrões comportamentais similares e bem definidos, os quais há muito vêm sendo estudados. Antes de começar a misturar esses "sabores", vamos primeiro conhecer os ingredientes um a um, suas formulações, características, possibilidades, ou seja, as competências socioemocionais correspondentes a cada um. Veremos a essência de cada fator para avaliarmos separadamente suas particularidades.

FATOR DOMINÂNCIA (D) NOS ADULTOS

Dominância (D) é o fator do controle e da assertividade. É o traço que indica como uma pessoa lida com adversidades, obstáculos e desafios ou tenta superá-los. Pessoas com alta intensidade do Fator "D" (Alto D) são diretas, ousadas, competitivas e lutam energicamente para atingir os resultados que desejam. Elas acreditam ser necessário estar no controle e na posição de dominância para conseguirem provar o seu valor e serem reconhecidas.

Os dominantes geralmente são determinados e decididos, possuem alta capacidade de concentração e muito foco no trabalho, principalmente para alcançar objetivos e resultados. Na maior parte das vezes, tendem a não levar em consideração os aspectos emocionais e sentimentais que rodeiam os seus relacionamentos, os quais, em geral, são construídos sem muita intimidade. Esse aspecto, juntamente com a maneira firme e enérgica com que se posicionam, pode causar nos outros a impressão de que os dominantes são pessoas duras, frias e autoritárias. Mas nem sempre isso é verdade.

Para um dominante, o desejo de ganhar é sempre maior do que o medo de perder. Por isso, agem de maneira intensa, decidem rápido e gostam de assumir riscos, utilizando todas as suas habilidades para conquistar os resultados almejados.

Ter o controle da situação, como dissemos, é muito importante para o dominante. Nessa condição, ele pode adotar posturas rígidas e impor

Passo 3 – Decifre o seu filho **143**

convicções, trabalhando de modo ostensivo e de maneira extremada para superar todos os desafios.

FATOR DOMINÂNCIA (D) PERCEBIDO NAS CRIANÇAS

A criança é percebida como alguém com iniciativa própria, prática, direta e dinâmica, o que indica que ela se identifica com ações rápidas e que gosta de ser atendida de maneira imediata. Você a percebe como autoritária pelas características de controle e assertividade que ela apresenta. A criança com esse fator em evidência é vista como competitiva, agindo até de maneira agressiva para conquistar seus objetivos, demonstrando também facilidade para tomada de decisões e capacidade de liderança.

Você a percebe como uma pessoa que não desiste daquilo que deseja, que enfrenta tudo até conseguir. Crianças com esse perfil geralmente não constroem muitos relacionamentos com intimidade, mas são capazes de liderar a turma toda, se precisar. Também não levam muito em consideração os aspectos emocionais e sentimentais que rodeiam os seus relacionamentos, mas dizem de maneira objetiva e rápida tudo aquilo de que não gostam.

Vamos agora esclarecer algumas coisas importantes para esse início de análise. Quando falamos de teorias do comportamento, estamos falando de modelos teóricos. Uma pessoa com alta intensidade do fator Dominante, por exemplo, não vai apresentar obrigatoriamente todas essas características. Ainda que haja alguma identificação (e certamente haverá), será possível trabalhar isso, desenvolver ou atenuar algumas delas, no caso dos adultos, e valorizar e nutrir no caso das crianças.

Nós não somos reféns do nosso perfil comportamental! Menos ainda as crianças, que, como vimos no capítulo anterior, estão em pleno crescimento e abertas à nutrição das competências socioemocionais de cada um dos fatores DISC.

Conheça a seguir as competências socioemocionais que, geralmente, são mais desenvolvidas ou presentes no comportamento das crianças com perfil alto D.

Ousadia

A Ousadia é uma mistura de coragem e impulso, e possibilita que a criança aja em busca de um objetivo ou desejo.

Por meio dela, ela se enxerga pronta para perder o medo, encarar qualquer desafio e persistir rumo àquilo que quer alcançar.

Exemplo: Quando a criança resolve enfrentar o medo de altura e dar uma volta em uma roda-gigante, ela está demonstrando sua Ousadia.

Assertividade

A Assertividade é uma das características de uma criança atenta a detalhes.

Ao ser assertiva, ela é capaz de agir com exatidão e certeza, defender aquilo em que acredita, como uma opinião ou ideia e ser direta em suas afirmações.

Exemplo: Quando, na escola, a criança levanta a mão para responder a uma pergunta da professora, ela está sendo assertiva.

Comando

O Comando é a disposição que a criança tem para assumir a liderança em alguma situação corriqueira.

Em uma brincadeira, por exemplo, influenciada pelo Comando, ela prefere ser a pessoa que dirige, conduz e, muitas vezes, até escolhe qual é o jogo da vez.

Exemplo: Na hora de praticar um esporte, uma criança que gosta de ser a líder ou aquela que define os times, exerce seu Comando.

Objetividade

Uma criança com Objetividade é, essencialmente, uma criança bastante direta.

Além disso, ela é capaz de reagir rapidamente a estímulos, informações e acontecimentos, tomando decisões e ações rapidamente rumo aos seus objetivos.

Exemplo: Quando um dos pais pede para a criança procurar um objeto e ela sabe exatamente o que fazer para encontrá-lo, mostra sua Objetividade.

Entre as quatro personalidades infantis sobre as quais conversamos, a de Arthur é a que mais se encaixa nessas características.

Com base no que vimos, que tal começar a decifrar as Competências DISC predominantes no seu filho? Em relação às características do perfil dominante, atribua uma nota de 0 a 10 para o quanto cada uma delas está presente em seu filho. Para auxiliar na atividade, confira a pergunta e a definição de cada uma delas, elencadas a seguir.

1. Ousadia

Diante de um novo desafio, como seu filho se comporta? Ele demonstra coragem e ímpeto para realizar a ação ou ele resiste, optando por não realizar essa ação?

Indica o ímpeto à ação em busca de seus objetivos, de modo a encarar os autoconhecimentos como desafios. Aponta o nível de afinco na busca por resultados.

1	2	3	4	5	6	7	8	9	10

2. Assertividade

Quando decide fazer algo, consegue explicar claramente o que deseja?

Característica de pessoas que agem com exatidão e confiança, tendo facilidade para tomar posição e manifestando suas opiniões de modo claro, firme, direto e categórico.

1	2	3	4	5	6	7	8	9	10

3. Comando

Quando brinca com outras crianças, gosta de direcionar a brincadeira e indicar o que as outras crianças devem fazer?

Indica a predisposição em assumir a liderança e/ou comando das situações, preferindo exercer influência a se subordinar a alguém. São exigentes consigo e com os outros.

1	2	3	4	5	6	7	8	9	10

4. Objetividade

Ao ir à loja de brinquedos, seu filho vai direto no item que lhe interessa, ou gosta de verificar diversas opções e fica indeciso na hora de realizar a sua escolha?

Característica de pessoas que são diretas e reagem rapidamente a novos acontecimentos, sempre mantendo o foco em seus objetivos.

1	2	3	4	5	6	7	8	9	10

QUADRO-RESUMO	
DOMINÂNCIA	
É o fator do controle e da assertividade. Indica como uma pessoa lida com adversidades e desafios.	
Palavra-chave	Intolerância
Emoção	Raiva
Motivador	Desafio/Poder
Comunicação	Direta/Objetiva
Valor profissional	Comando/Iniciativa
Tomada de decisão	Racional/Rápida

FATOR INFLUÊNCIA (I) NOS ADULTOS

Influência (I) é o fator da comunicação e da sociabilidade. Indica como uma pessoa lida com pessoas e como pode influenciá-las e persuadi-las. Indivíduos com alta intensidade do Fator "I" são radiantes, otimistas, extrovertidos, sociáveis, calorosos e abertos para os outros. Não gostam de passar despercebidos, precisam do contato interpessoal, trabalham muito bem em equipe e contagiam as pessoas ao redor com seu entusiasmo, contribuindo para manter a positividade e leveza no ambiente. São também criativos e ágeis em suas ações, adoram expressar ideias e raramente se permitem ficar entediados, por isso mesmo, situações rotineiras, definitivamente, não fazem parte de suas preferências, pois a natureza ativa dessa personalidade está sempre em busca do novo e de viver o presente – se possível, sempre com experiências inovadoras.

O desejo por prestígio e aprovação social é muito forte. Um Influente geralmente valoriza o status, gosta de ser reconhecido e homenageado por amigos e familiares, e de sentir que é importante para os seus. Interagir também é uma motivação do indivíduo com alta influência, pois ele deseja participar de tudo e ser querido por todos. A necessidade de interagir e influenciar, somada ao desejo de ser querido, proporciona a pessoas com perfil Influente maior facilidade para falar e convencer os outros sobre o seu ponto de vista.

FATOR INFLUÊNCIA (I) PERCEBIDO NAS CRIANÇAS

A criança com esse fator em evidência é percebida como alguém sociável, que possui iniciativa própria e valoriza a construção de relacionamentos. Você nota que ela se comunica de maneira fácil e fluentemente, e ainda é tão otimista que acaba contagiando as pessoas ao redor, sendo geralmente a responsável por manter o ambiente mais dinâmico e alegre. Ela é vista como aquela que raramente se permite ficar entediada, sempre inventa jogos e brincadeiras novos e é a responsável por animar as demais crianças do grupo. Ela é capaz de fazer várias coisas ao mesmo tempo e possui facilidade para lidar com mudanças, apresentar-se para um grande público, ousar, correr riscos e enfrentar situações imprevistas, sendo percebida como confiante, aberta e que dá valor ao contato com pessoas e ao desenvolvimento de relações positivas.

Conheça a seguir as competências socioemocionais que, geralmente, são mais desenvolvidas ou presentes no comportamento das crianças com perfil alto I.

Sociabilidade

A Sociabilidade é uma vontade de agir de modo expansivo e extrovertido nos momentos em que se conhece novas pessoas e em ambientes com muitas pessoas ao redor.

148 Decifre e fortaleça seu filho

Por meio da Sociabilidade, a criança possui uma maior tendência a buscar novas amizades, principalmente com outras crianças da mesma idade.

Exemplo: Quando a criança entra em uma nova escola e, em poucos minutos, faz vários amigos, isso diz muito sobre sua Sociabilidade.

Extroversão

A Extroversão é justamente uma das características da Sociabilidade.

Uma criança extrovertida geralmente é comunicativa, extrovertida, confiante e demonstra facilidade em... Adivinha? Sociabilizar!

Exemplo: Uma criança que fica feliz com a ideia de ir a uma festa de aniversário ou à casa de um familiar é extrovertida.

Persuasão

A Persuasão é a capacidade da criança de influenciar, ou seja, instigar a opinião de outras ideias apenas com sua boa argumentação.

Assim como a criança que apresenta Comando, a criança com Persuasão também é muito boa em convencer os amiguinhos a escolher a brincadeira que ela deseja.

Exemplo: Uma criança que, geralmente, consegue convencer seu grupo de amigos a brincar do que ela deseja mostra sua Persuasão.

Entusiasmo

O Entusiasmo é a característica de uma criança alegre, cheia de energia e que fica animada com praticamente tudo à sua volta.

Com desse aspecto, ela é capaz de motivar e contagiar outras pessoas com sua própria euforia diante de alguma atividade.

Exemplo: Uma criança que fica feliz com uma ida ao cinema com os pais pode mostrar seu Entusiasmo!

Entre as quatro personalidades infantis sobre as quais conversamos, a de Pedro é a que mais se encaixa nessas características.

Passo 3 – Decifre o seu filho **149**

Com base no que vimos, que tal começar a decifrar as Competências DISC predominantes no seu filho? Em relação às características do perfil influente, atribua uma nota de 0 a 10 para o quanto cada uma delas está presente em seu filho. Para auxiliar na atividade, confira a pergunta e a definição de cada uma delas, elencadas a seguir.

1. Sociabilidade

Quando chega em um grupo com crianças desconhecidas, tem facilidade para se relacionar com as crianças e chamar para brincar ou se inserir na brincadeira?

Indica a necessidade e a tendência à busca por relacionamentos sociais, agindo de modo expansivo e amigável.

1	2	3	4	5	6	7	8	9	10

2. Extroversão

É bastante comunicativo, frequentemente se cercando de pessoas com quem possa conversar e brincar?

Indica o ímpeto à ação em busca de seus objetivos, de modo a encarar os autoconhecimentos como desafios. Aponta o nível de afinco na busca por resultados.

1	2	3	4	5	6	7	8	9	10

3. Persuasão

Como ele interage com outras crianças na hora das brincadeiras? Argumenta a sua forma de brincar ou aceita a forma proposta pelos colegas com facilidade?

Capacidade de influenciar e persuadir os outros à tomada de decisões favoráveis a suas ideias e projetos.

1	2	3	4	5	6	7	8	9	10

4. Entusiasmo

Quando está conversando, se expressa de modo alegre e feliz, contagiando as pessoas ao seu redor?

Característica presente em pessoas com muita energia, alegria e animação. São capazes de motivar os outros. Indica o nível de animação em relação a uma atividade.

1	2	3	4	5	6	7	8	9	10

QUADRO-RESUMO	
INFLUÊNCIA	
É o fator da comunicação e sociabilidade. Indica como uma pessoa lida com pessoas e as influencia.	
Palavra-chave	Sociável
Emoção	Otimismo
Motivador	Reconhecimento social
Comunicação	Informal/Pessoal
Valor profissional	Negociação/Criatividade
Tomada de decisão	Emocional/Rápida

FATOR ESTABILIDADE (S) NOS ADULTOS

A eStabilidade é o fator do equilíbrio, da empatia e da lealdade. Indica como um indivíduo lida com mudanças e estabelece seu próprio ritmo de vida. Pessoas que apresentam alta intensidade do Fator "S" costumam ser boas ouvintes, atenciosas e demonstram interesse genuíno pelos sentimentos dos outros. Os eStáveis, como são chamados nesse fator, assim como os Influentes, têm bastante propensão para os relacionamentos interpessoais, porém com uma grande diferença entre eles: para o indivíduo eStável, é realmente importante o bem-estar do outro – mesmo que ele, a pessoa eStável, fique em desvantagem ou em segundo plano. Nesse sentido, pessoas com esse fator demonstram muita disposição para servir. Para efeitos de comparação, o perfil Influente também tem essa característica de servir, mas nem sempre o interesse dele está apenas no bem-estar do outro.

Os eStáveis possuem também como características marcantes o ritmo constante, a capacidade de fazer trabalhos repetitivos sem se aborrecer, a preferência por prazos estendidos e por fazer uma coisa de cada vez.

Como pontos relevantes, os identificados nesse perfil tendem a manter relacionamentos de longo prazo e a buscar empregos nos quais conseguem projetar suas carreiras ao longo de muitos anos. É um comportamento que requer certa maturidade emocional, e talvez isso explique o fato de serem flexíveis em suas ideias e opiniões, mas também cautelosos e reflexivos antes de falar, pois sempre que possível buscam o consenso acima de tudo. Todo esse cuidado os leva a serem também ótimos planejadores, pois lidam bem com processos – sobretudo os longos, com começo, meio e fim –, além de possuírem constância, determinação e perseverança para seguir com o que foi planejado até a conclusão do projeto.

Indivíduos eStáveis valorizam muito a rotina e a previsibilidade. Para eles, é fundamental saber como será o dia de amanhã. Assim, quanto mais influenciados por esse fator, maior será o apego deles ao que é conhecido e constante; por esse motivo, podem ser bastante resistentes a mudanças. No entanto, se forem convencidos do propósito, dos benefícios, das etapas envolvidas e das consequências positivas das mudanças, não será difícil convencê-los. Se puderem ver as propostas dentro de uma perspectiva bem planejada, trabalharão com afinco para que elas sejam implementadas até o fim.

FATOR ESTABILIDADE (S) PERCEBIDOS NAS CRIANÇAS

A criança com esse fator é percebida como calma, pacífica, equilibrada e que geralmente se preocupa com as outras pessoas, valorizando o bom convívio e a harmonia nos relacionamentos. Ela é vista como cordial, calorosa, inclinada a ver os pontos de vista do próximo e que valoriza a interação positiva. Por não ser extrovertida por natureza, depende do apoio de quem é mais assertivo para liderar as situações. Ela é vista como uma criança que, apesar de ser dedicada e se preocupar com as questões relacionadas às atividades da escola e da rotina, também se sensibiliza com as necessidades alheias e é mais voltada para a resolução dos problemas dos outros do que para as próprias tarefas. Ela é percebida como moderada e controlada, características que satisfazem a necessidade dela por segurança e estabilidade. Dessa maneira, é vista como uma criança metódica, que de início não reage muito bem às mudanças não previstas ou planejadas, e que demanda tempo para se adaptar a elas.

Conheça a seguir as competências socioemocionais que, geralmente, são mais desenvolvidas ou presentes no comportamento das crianças com perfil alto S.

Paciência

A Paciência fala sobre o esforço que a criança precisa fazer para manter a calma, por exemplo, em situações em que as coisas não acontecem como ou quando ela deseja.

Em geral, uma criança paciente demora mais a se estressar ou ficar chateada, demonstrando um maior controle de suas próprias emoções.

Exemplo: Quando uma criança precisa esperar o Natal para ganhar um videogame novo, mas não fica chateada com a espera, ela está sendo paciente.

Empatia

Empatia é a capacidade de se colocar no lugar de outra pessoa, de se imaginar nas mesmas condições que alguém.

Com Empatia, uma criança consegue compreender melhor os sentimentos de outras pessoas ou suas reações em determinada situação.

Exemplo: Quando a criança encontra um amigo chorando e pergunta se ele está bem ou precisando de algo, ela demonstra sua Empatia.

Planejamento

O Planejamento é a característica por meio da qual a criança planeja suas ações antes de realizá-las e é, também, o que a torna mais ponderada e analítica.

Por meio dela, uma criança é menos propensa a agir por impulsos ou correr riscos sem necessidade em situações do dia a dia.

Exemplo: A criança que planeja cada passo da brincadeira antes de realmente começar a brincar mostra sua capacidade de Planejamento.

Persistência

Como competência, a Persistência é a característica que ajuda uma criança a se concentrar e agir rumo a um objetivo, etapa por etapa.

A criança que apresenta Persistência tem maior capacidade de continuar em uma atividade até o fim, pois não desiste das coisas com tanta facilidade.

Exemplo: Uma criança aprendendo a andar de skate tenta muitas vezes a mesma manobra antes de acertar, sendo persistente.

No caso das crianças mencionadas, a Rebeca é a que se encaixa nessa descrição.

Com base no que vimos, que tal começar a decifrar as Competências DISC predominantes no seu filho? Em relação às características do perfil estável, atribua uma nota de 0 a 10 para o quanto cada uma delas está presente em seu filho. Para auxiliar na atividade, confira a pergunta e a definição de cada uma delas, elencadas a seguir.

1. Paciência

Como ele espera o alimento que você está preparando? Como ele espera para falar com você? Ele escuta com tranquilidade ou, pelo contrário, não consegue esperar e fica impaciente?

Indica a capacidade de manter calma, serenidade e complacência diante de situações de estresse.

1	2	3	4	5	6	7	8	9	10

2. Empatia

Quando vê uma criança chorando, ele gosta de conversar com a criança para que ela fique mais tranquila? Tem facilidade de se colocar no lugar do outro?

Capacidade de compreender o sentimento ou reação da outra pessoa, imaginando-se nas mesmas circunstâncias.

1	2	3	4	5	6	7	8	9	10

3. Planejamento

Quando se preparam para visitar uma pessoa querida, ele gosta de pensar em todos os passos antes para que tudo aconteça com tranquilidade e a visita seja bem especial?

Característica de pessoas ponderadas, que planejam suas ações e evitam agir por impulso e correr riscos desnecessários.

1	2	3	4	5	6	7	8	9	10

4. Persistência

Quando ele começa uma brincadeira e tem uma dificuldade, enfrenta a dificuldade e vai até o fim ou muda para outra brincadeira?

Característica presente em pessoas que têm facilidade em se concentrar em algo, buscando dar continuidade a tudo que começam.

1	2	3	4	5	6	7	8	9	10

QUADRO-RESUMO	
ESTABILIDADE	
É o fator do equilíbrio, empatia e lealdade. Indica como uma pessoa lida com mudanças e estabelece seu ritmo.	
Palavra-chave	Previsibilidade
Emoção	Apatia (observável)
Motivador	Segurança
Comunicação	Suave/Empática
Valor profissional	Planejamento/Cooperação
Tomada de decisão	Emocional/Demorada

FATOR CONFORMIDADE (C) NOS ADULTOS

Conformidade é o fator da estrutura, do detalhe e do fato (realidade). Indica como a pessoa lida com regras e procedimentos. Indivíduos com alta intensidade do Fator "C" apresentam altos níveis de precisão e relutam bastante em revelar informações sobre si próprios. Quem tem o estilo Conforme como predominante em sua personalidade é tido como lógico, analítico e racional, alguém que pensa de maneira sistemática, com base em dados e fatos, e toma decisões de maneira bastante cautelosa e fundamentada.

Essas pessoas têm grande capacidade para realizar trabalhos minuciosos, para os quais estabelecem processos com regras claras e bem definidas. Sentem muito prazer ao executar tarefas com o máximo de perfeição possível, e têm preferência por trabalhar com pessoas também disciplinadas. Evitam ser o centro das atenções, e tendem, portanto, a ser formais e reservadas, dedicando toda a sua atenção às tarefas a serem executadas. Quando suas competências são bem exploradas, essas características produzem um resultado muito positivo, tanto para elas quanto para os outros.

De modo geral, indivíduos com o perfil Conforme não gostam de improvisar. Mas poderão obter sucesso se souberem usar suas características para aprender a conviver melhor com pessoas informais e criativas, as quais, na maior parte das vezes, são fundamentais para complementar o estilo rígido dos Conforme. O alto grau de perfeccionismo desses indivíduos muitas vezes pode levá-los a algum tipo de frustração, uma vez que têm uma alta expectativa de seu próprio desempenho. O fato de nem sempre conseguirem resultados notáveis – não necessariamente por culpa deles, mas por causa de algum fator externo, por exemplo – pode desmotivá-los ou paralisá-los em suas ações e processos. Nesses casos, é oportuno contar com o monitoramento ou incentivo de colegas e superiores como forma de ajudá-los a superar esses períodos de hesitação diante da necessidade de realizar missões desafiadoras.

Devido a essas características, eles se sentem mais seguros quando dispõem de informações detalhadas sobre os processos que estão conduzindo – sobretudo porque estão constantemente preocupados com o que pode eventualmente dar errado. Com muita frequência, esse traço faz com que sejam vistos pelos outros como pessoas muito críticas ou pessimistas. Mas aqui, novamente, é uma questão de saber trabalhar com esse tipo de perfil, pois essa preocupação, às vezes exagerada, e a grande capacidade de pensar e calcular riscos e eventuais equívocos contribuem muito para a prevenção e redução drástica de erros nos âmbitos pessoais e profissionais.

FATOR CONFORMIDADE (C) PERCEBIDO NAS CRIANÇAS

A criança é percebida como lógica, analítica e racional, que pensa de maneira sistemática, com base nos fatos, tomando decisões com cuidado. A busca por exatidão, contudo, vem acompanhada de rigidez e de preocupação, e a criança é vista como quem gosta de fazer as coisas bem-feitas e analisar os detalhes de cada situação para garantir que tudo saia da maneira mais correta possível. Com frequência, ela é reservada, podendo passar uma impressão de frieza e desinteresse. Compreende-se que muito desse estilo passivo que ela tem vem do lado controlado que possui, o que gera um encobrimento de informações sobre si mesma e sobre suas ideias, a menos que seja absolutamente necessário. Ela é percebida ainda como alguém que, quando se trata da realização de objetivos, usa as regras e estruturas existentes para alcançá-las. A criança com esse perfil Conforme é vista como quem joga pelas regras e usa argumentos lógicos para sustentar as ideias.

Conheça a seguir as competências socioemocionais que, geralmente, são mais desenvolvidas ou presentes no comportamento das crianças com perfil alto C.

Organização

A Organização é a competência de uma criança atenta e minuciosa, que aprecia arrumação e métodos, por exemplo.

Por meio dela, a criança aprecia a ordem dos ambientes onde fica e até mesmo das brincadeiras que faz.

Exemplo: Uma criança que gosta de arrumar a mochila da escola sempre na noite anterior mostra sua Organização.

Passo 3 – Decifre o seu filho **157**

Concentração

A Concentração é a capacidade da criança de manter o foco na realização de alguma atividade, como uma prova, ou uma brincadeira.

Ela diz respeito tanto à habilidade de manter esse foco, quanto à quantidade de tempo de que precisa para cumprir uma tarefa.

Exemplo: Uma criança que consegue se manter sem distrações na hora de uma prova importante usa sua Concentração.

Prudência

A Prudência é a capacidade de uma criança ser cautelosa em uma atividade. Ela busca não cometer erros e não correr riscos.

Essa competência também pode ser um fruto dos limites proporcionados pelos responsáveis pela criança.

Ela aprende o que pode ou não fazer e, diante de uma situação em que sabe que não deve fazer algo, é capaz de agir com Prudência.

Exemplo: Uma criança que escolhe não brincar na rua, mas na calçada, porque os pais já disseram que é perigoso, mostra sua Prudência.

Detalhismo

O Detalhismo é a capacidade de uma criança ser atenta aos detalhes.

Por meio dele, geralmente, a criança age de maneira minuciosa e cuidadosa em suas tarefas e atividades.

Exemplo: Quando a criança percebe que a mamãe chegou com um novo corte de cabelo, ela é detalhista.

Esse é o caso da Mariana, quarta e última criança que estudamos.

Com base no que vimos, que tal começar a decifrar as Competências DISC predominantes no seu filho? Em relação às características do perfil conforme, atribua uma nota de 0 a 10 para o quanto cada uma delas está presente em seu filho. Para auxiliar na atividade, confira a pergunta e a definição de cada uma delas, elencadas a seguir.

158 Decifre e fortaleça seu filho

1. Organização

Quando você pede para ele organizar os materiais da escola, ele gosta e organiza com cuidado ou reclama e não tem muita vontade de organizar o próprio material?

Indica atenção minuciosa em busca da ordem de determinados sistemas ou ambientes.

1	2	3	4	5	6	7	8	9	10

2. Concentração

Quando vai fazer a atividade da escola, consegue se concentrar até concluí-la ou se dispersa com facilidade?

Indica capacidade e necessidade de concentração para executar trabalhos que exigem atenção e constância.

1	2	3	4	5	6	7	8	9	10

3. Prudência

Quando vai brincar com outras crianças, é cuidadoso para seguir as recomendações dos adultos e não se machucar?

Indica o nível de cautela nas atividades a fim de evitar erros e riscos desnecessários, tratando seu trabalho até mesmo com perfeccionismo.

1	2	3	4	5	6	7	8	9	10

4. Detalhismo

Quando você está fazendo uma receita com o seu filho e faltam ingredientes, ele aceita mudar o ingrediente por outro ou ele não aceita fazer a receita enquanto não tiver aquele item citado na lista?

Indica capacidade de exposição minuciosa de fatos, planos ou projetos, com atenção a detalhes e prezando pela qualidade.

1	2	3	4	5	6	7	8	9	10

QUADRO-RESUMO
CONFORMIDADE

É o fator da estrutura, do detalhe e do fato. Indica como uma pessoa lida com regras e procedimentos.	
Palavra-chave	Crítico
Emoção	Medo
Motivador	Informação/Estar de acordo com regras e altos padrões
Comunicação	Forma/Específica
Valor profissional	Qualidade/Atenção aos detalhes
Tomada de decisão	Racional/Demorada

Após essa análise mais aprofundada sobre as características de cada um dos quatro perfis DISC, apresentamos os quadros a seguir para discutir o que pode ser percebido do perfil DISC já na infância, em cada fase de desenvolvimento.

0-3 ANOS

Nessa fase, perceber as nuances entre fatores altos e baixos pode não ser tão fácil, mas já é possível notar algumas características genéricas.

Dominância	Influência	Estabilidade	Conformidade
Comando: nas brincadeiras e na forma de lidar com os pais, a criança percebida como alto D fala como se estivesse dando ordens.	Sociabilidade: crianças percebidas como alto I já se mostram mais desinibidas e risonhas. Ao ver outras crianças, empolgam-se e buscam se conectar.	Relação com o tempo: a reação da criança ao tempo de espera nos ajuda a percebê-la como alto S (mais paciente) ou baixo S (mais impaciente).	Organização: a criança percebida como alto C já mostra certa tendência à busca por padrões, por exemplo na forma de posicionar os brinquedos.

160 Decifre e fortaleça seu filho

3-6 ANOS

Dominância	Influência	Estabilidade	Conformidade
Alto D: Posição de Comando + Ousada (se arrisca). "Desobediente"	Alto I: Gosta de brincar em grupo + Comunicativa (fala muito). "Tagarela"	Alto S: Tranquila e calma + Sensível. "Chora por tudo"	Alto C: Brincadeira organizada + Gosta de padrões. "Chata"
Baixo D: Posição de Obediência + Ponderada (não se arrisca). "Medrosa"	Baixo I: Gosta de brincar sozinha + Mais reservada (fala pouco). "Tímida"	Baixo S: Inquieta + Quer fazer várias coisas ao mesmo tempo. "Hiperativa"	Baixo C: Brincadeira desorganizada + Não gosta de padrões. "Bagunceira"

6-9 ANOS

Dominância	Influência	Estabilidade	Conformidade
Alto D: Objetiva (competitiva e direta ao ponto) + Manda nas brincadeiras (comando).	Alto I: Começa a mostrar capacidade de persuasão + Quer sempre estar perto de pessoas.	Alto S: Empatia começa a ser notada, além da necessidade de constância e rotina (planejamento).	Alto C: Começa a mostrar que gosta de ver lógica nas coisas (questiona tudo).
Baixo D: Prefere seguir do que comandar + Pacífica (fácil de lidar, mas ao mesmo tempo, pode não se impor).	Baixo I: Gosta de brincadeiras mais introspectivas (colorir, ler) e parece mais fechada, principalmente em ambientes novos.	Baixo S: Agitada e muito ativa. Difícil de acompanhar, pois quer fazer várias atividades.	Baixo C: Já se mostra muito flexível a mudanças de planos e pode ser bastante desorganizada.

Passo 3 – Decifre o seu filho **161**

9-12 ANOS

Dominância	Influência	Estabilidade	Conformidade
Alto D: Liderança e firmeza de opinião. Também pode querer certa autonomia.	Alto I: Com maior capacidade de persuasão, pode ficar mais argumentativa.	Alto S: A empatia fica mais visível, também a persistência e a necessidade de segurança.	Alto C: Mostra-se mais detalhista, focado em regras e também mais concentrada.
Baixo D: Fica mais visível sua capacidade de atuar em grupo e sua diplomacia.	Baixo I: Tende a se fechar no mundo dela, é importante os pais a incentivarem a socializar.	Baixo S: Gosta de fazer suas atividades com velocidade, mas pode ter dificuldade para concluí-las.	Baixo C: Fica mais claro que criatividade e inovação são características que fazem parte dela.

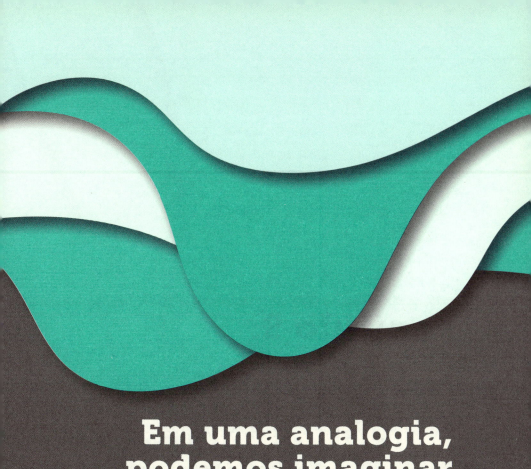

Em uma analogia, podemos imaginar que o perfil comportamental de uma pessoa seja o resultado de uma receita composta de quatro ingredientes, no caso, os fatores que compõem o seu perfil de comportamento.

capítulo 9:
passo 4 – fortaleça seu filho por meio das sete experiências

paulo vieira

Ao longo da vida, passamos pelas mais diversas experiências, e colecionamos momentos que podem ser classificados como felizes (uma caminhada pela praça, um almoço em família, a primeira viagem com os filhos); tristes (ser esquecido na escola, sofrer uma decepção amorosa, passar por um acidente de trânsito); e triviais (um episódio qualquer de uma série de TV, um sorriso recebido na rua, a leitura de um rótulo de shampoo). Momentos como esses são transformados em memórias e armazenados em nossa mente.[30]

De acordo com a conceituação Visão, Audição e Sinestesia (VAS), algumas dessas memórias são mais acessíveis ao consciente por terem sido geradas sob forte impacto emocional, enquanto outras se encontram (quase) inalcançáveis, guardadas em uma eterna sala de registros internos que nos acompanha até o fim da vida. Por exemplo, você se lembra de onde estava e do que estava fazendo há exatamente um ano? Pode até ser que se lembre caso tenha acontecido algo especial. No entanto, é muito mais provável que não tenha nenhuma memória clara desse período. Por outro lado, se você tem em torno de 40 anos, provavelmente deve se lembrar de onde estava e do que estava fazendo na manhã do dia 11 de setembro de 2001, mesmo já tendo se passado tanto tempo.

A data que marcou o maior ataque terrorista da história dos Estados Unidos reuniu milhões de pessoas diante das TVs, ao vivo, em todo o mundo. A comoção gerada pela tragédia e sua repercussão ininterrupta na mídia nos levaram a produzir uma memória muito vívida e acessível sobre onde estávamos e o que estávamos fazendo assim que surgiu o primeiro plantão noticiário.

TEORIA GERAL DAS MEMÓRIAS

As memórias registradas pelo cérebro são sensoriais. Cada uma delas é envolta de sentimentos diversos (segundo a escala de sentimentos primais, o amor e o

---

30 Partimos da premissa de que tudo que vimos e ouvimos, e as sensações sinestésicas vividas na infância formam as crenças que habitam nossa mente e direcionaram nossa vida desde então.

ódio) e de significado (positivo ou negativo), que variam de acordo com o que vemos, ouvimos, sentimos e pensamos em cada situação.

É importante acrescentar que os significados podem ser absorvidos como positivos ou negativos pelo indivíduo, independentemente dos sentimentos que carrega. Ou seja, mesmo com sentimentos negativos, é possível criar memórias de significado positivo, e vice-versa.

Biologicamente falando, a formação de memórias ocorre por meio de sinapses, nome das transmissões de impulsos nervosos entre neurônios. Cada processamento sináptico é acrescido de significado, bom ou ruim. Os significados, por sua vez, são registrados por meio de sentimentos ativos no indivíduo durante o processo de formação de memória, sendo influenciados diretamente pelo que ele vê, ouve, sente ou pensa durante a experiência.

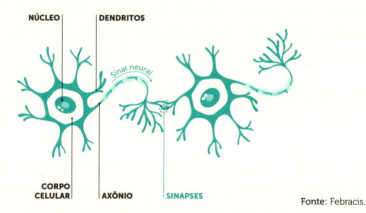

Fonte: Febracis.

São as memórias, os sentimentos e os significados que, armazenados nas sinapses, formam nossas crenças.[31] É um processo que acontece muito rápido, em milissegundos, e interfere diretamente no que somos e no que podemos ser. Afinal, como visto no Método CIS©, são as crenças que determinam nossos comportamentos, resultados, atitudes e também a qualidade de nossa vida. A imagem a seguir mostra de que modo uma crença é formada em nosso cérebro.

---

[31] Crença é toda programação mental (sinapses neurais) adquirida como aprendizado durante a vida que determina comportamentos, atitudes, resultados, conquistas e qualidade de vida.

Fonte: Febracis.

A discordância entre sentimento e significado também pode estar diretamente relacionada à inteligência emocional. Uma pessoa com a inteligência emocional em equilíbrio terá mais facilidade em dar significado positivo às experiências negativas pelas quais passou e, consequentemente, garantirá mais domínio sobre seus sentimentos, pois entende que não há como mudar o que aconteceu, mas que é possível mudar o significado.

Imagine um pai que dá uma palmada severa no filho. Enquanto faz isso, também grita com a criança: "Não faça isso, moleque!". Durante esse momento infeliz, o filho vê a expressão de ódio do pai, ouve a voz carregada de raiva e ainda sente a dor da palmada. Isso é uma memória sensorial com significado. E de que forma a criança interpreta esse acontecimento? Em geral, com pensamentos do tipo: "Papai gritou comigo, eu sou uma criança ruim. Mamãe gritou comigo, porque faço tudo errado". As sinapses da criança nesse momento formam memórias sensoriais de inferioridade, incapacidade, tristeza, raiva, entre tantos outros sentimentos negativos. O significado, para uma criança que ainda não possui inteligência emocional, não poderia ser outro senão negativo.

Quando falamos de um indivíduo adulto ofendido por outro, a situação pode ser bem diferente. Com inteligência emocional, ele terá uma possibilidade maior de se libertar dos sentimentos ruins e dar significado positivo à experiência, que por si só é extremamente negativa. Assim, pode racionalizar em torno do acontecimento e atribuir a ele um significado que, talvez, seja até positivo. Diferentemente de nossas crenças, que podem ser reprogramadas, nossas memórias não mudam. A memória do dia em que você viu o sorriso do seu filho pela primeira vez será sempre uma memória feliz. Já a memória de um assalto, por exemplo, será sempre uma memória ruim. A chave dessa questão, no entanto, é justamente a possibilidade que temos de ressignificar essas memórias. Ou seja, de atribuir significado positivo a memórias que tiveram, no passado, conotação negativa.

No entanto, uma memória de um fato que deixou mágoas permanece presente porque é assim que a pessoa a sente. É como se, a cada recordação, o fato estivesse acontecendo de novo naquele momento, mesmo tendo ocorrido há anos. Do mesmo modo, há pessoas que carregam hoje ainda mais ódio sobre um evento acontecido no passado. Um ditado popular diz que o tempo é o melhor remédio para perdoar e curar mágoas. Mentira. Neurologicamente, o tempo não tem nenhuma função sobre esse aspecto. Organicamente, o que vemos hoje em nós é resultado dos genes herdados dos nossos pais e de todas as nossas memórias.

Somos nossas memórias, somos o passado. O futuro não existe e o presente é um microinstante que passa a cada milésimo de segundo. O que você está vendo em si mesmo, em relação à estrutura orgânica, é passado.

Quando um indivíduo faz planos para o futuro, o faz para que sejam construídos e executados no presente, o qual, por sua vez, já faz parte do passado. Deixe-me explicar desta forma: todos os planos que passam pela mente tornam-se memórias, mesmo aqueles que nunca aconteceram. O cérebro não distingue o real do imaginado, o que define o real é a intensidade emocional. Se existe intensidade emocional, é real.

Por isso a necessidade de criar experiências de pertencimento, importância, conexão e limites, são elas as responsáveis por formar crenças fortalecedoras e saudáveis que seguirão com a criança durante a vida. Mais importante do que a experiência vivida pelo indivíduo são o sentimento e o significado atribuídos a essa experiência. Uma mesma situação pode ser interpretada pelos indivíduos de diferentes formas. Por exemplo, ao tropeçar em uma pedra, alguém pode reclamar e achar que se trata de uma falta de sorte. Outra pessoa, em contrapartida, pode agradecer e dizer: "Que bom que consegui me equilibrar para não cair". Determinado fracasso pode se tornar uma experiência positiva. A dor pode se tornar uma experiência positiva, mesmo muito tempo depois do acontecimento. Não é à toa que uma das maiores finalidades do maior treinamento de inteligência emocional do mundo, o Método CIS©, é trabalhar a mudança de crenças. E isso ocorre não por meio da modificação de nossas memórias, mas sim da atribuição de sentimentos e de significados novos a cada uma delas

A IMPORTÂNCIA DOS AMBIENTES NA FORMAÇÃO DE MEMÓRIAS

Já vimos como é essencial ter memórias positivas desde a infância para a formação de crenças fortalecedoras em um indivíduo. Agora, precisamos destacar a importância das instâncias em que essas memórias são geradas.

As instâncias referem-se a todas as relações e os ambientes de convívio da criança que interferem em seu desenvolvimento. Podemos dizer que existem sete instâncias, ou seja, sete níveis de relação que a criança pode estabelecer.

A primeira instância é a relação que ela possui consigo mesma; a segunda, com os pais biológicos e os responsáveis por seu cuidado e educação; a terceira envolve todos os que habitam o local em que a criança mora; a quarta se refere às relações que ela estabelece com o local em que estuda e ao vínculo gerado com as pessoas que ali estão; a quinta diz respeito aos parentes e familiares mais distantes; a sexta, à comunidade em que está inserida; e a sétima envolve a relação que ela estabelece com Deus ou com sua espiritualidade. Veja a esquematização de todas as instâncias na imagem a seguir:

Fonte: Febracis.

As memórias, principalmente as de forte impacto emocional, geradas em quaisquer das instâncias vão continuar existindo durante toda vida. E cada uma dessas experiências vividas vai produzir crenças. Dessa forma, é importante que a família esteja sempre atenta ao comportamento dos filhos quando, por exemplo, voltam da escola, da casa de amigos, dos ambientes sociais que frequentam.

Para uma criança, podemos dizer que o principal espaço de convívio longe de casa é a escola. É lá que ela desenvolverá sua aptidão em se comunicar socialmente, interagindo de modo direto com outras crianças, assim como com outros adultos. O tipo de interação que ela estabelece nesse ambiente pode criar memórias positivas ou negativas, que ela tenderá a levar por toda a vida.

Se sofrer bullying, por exemplo, essa criança poderá, quando adulta, repetir o mesmo comportamento, seja assumindo o papel de agressor ou de vítima. Do mesmo modo, algumas pessoas que já passaram pela experiência de pobreza podem associar suas memórias ao sentimento de ódio, dando um significado a elas que pode se refletir na decisão de nunca mais querer vivenciar aquela situação. Isso porque as memórias negativas fortes são repletas de conectores de sentimentos negativos que destroem as demais memórias ao redor. Essas experiências negativas são tão dolorosas que fazem com que as vivências boas sejam apagadas. Daí a importância de se estar atento ao tipo de interação que a criança estabelece em cada uma das instâncias em que está inserida. Quanto mais positiva e harmoniosa for a relação dela com esses ambientes, mais ela tenderá a se desenvolver com saúde e força emocional. Diante disso, convidamos você a refletir: Quais são as experiências que tem nutrido em seu filho? Como o ambiente familiar tem interferido na formação das memórias dele?

O adulto tem um papel primordial de ajudar a criança a ressignificar suas experiências, sobretudo quando forem negativas.

SETE PADRÕES DE MEMÓRIAS FORTALECEDORAS E CURATIVAS

Já vimos que a formação de memórias ocorre por meio de sinapses, nome dado à transmissão de impulsos nervosos entre neurônios. Também falamos de três elementos: memórias, sentimentos e significado, que, armazenados nas sinapses, formam nossas crenças e interferem diretamente no que somos e em quem podemos ser. Agora, falaremos sobre como a vivência das sete experiências apresentadas a seguir proporciona um empilhamento de memórias positivas e fortalecedoras.

Desde a infância, é fundamental que todos nós vivenciemos determinados padrões de memórias para a formação de crenças fortalecedoras. Há sete tipos de memórias que influenciam no desenvolvimento saudável de um indivíduo, mas quatro delas são consideradas essenciais – pertencimento, importância, conexão e limites/autorresponsabilidade –, enquanto as demais podem ser consideradas subjacentes – generosidade, crescimento e missão/significado.

Fonte: Febracis.

Essas memórias nem sempre estão disponíveis em nível consciente, mas ficam registradas de maneira detalhada em nosso "cilindro" mental, evitando que memórias negativas sejam acessadas com facilidade. Quanto mais memórias fortalecedoras e positivas tivermos, mais difícil será o acesso às memórias negativas.

A seguir, conheceremos mais detalhadamente cada uma dos tipos de memória.

1. PERTENCIMENTO

O primeiro padrão de memória é o pertencimento, que se refere à necessidade inconsciente de ser acolhido, abraçado e amado por um indivíduo (ou grupo de indivíduos) por meio das experiências vividas.

O primeiro desejo de pertencimento da criança está relacionado ao núcleo familiar. Ela precisa de uma comunicação de amor dos pais: abraços, beijos, carinho. Precisa se sentir integrada aos irmãos e parte da família com contato próximo com avós, tios e primos. O desejo de acompanhar os pais em eventos, de participar das atividades nas quais eles estão envolvidos, de contribuir com o que os responsáveis estão fazendo no momento, e de imitar determinadas práticas familiares são exemplos de situações que expressam o desejo da criança de se sentir pertencente ao núcleo familiar.

Na escola, ela lida com o primeiro desafio de socialização fora do ambiente familiar. A partir daí, o desejo de interagir, conversar e brincar com outras crianças faz parte da necessidade de se sentir pertencente ao espaço e àquele grupo social. Um exemplo para esse tipo de memória são as crianças que praticam esportes coletivos e se sentem pertencentes a uma equipe, jogam por um mesmo objetivo e comemoram juntas cada conquista.

No entanto, se não tiver experiências de pertencimento e estiver imersa em um ambiente emocional disfuncional, a criança se sentirá à margem e, no futuro, poderá apresentar uma necessidade patológica de participar de um grupo ou de pertencer a alguém. A tendência, portanto, é que ela busque preencher o "vazio" com qualquer experiência que simule esse padrão de memória. É a partir daí que se formam indivíduos que se envolvem com o tráfico de drogas e com quadrilhas de bandidos, porque nesses ambientes eles finalmente passaram a se sentir pertencentes, conectados e com uma missão relacionada a um grupo.

Imagine esta situação: um rapaz não teve memórias fortalecedoras com a família durante a infância e a adolescência. Os pais trabalhavam fora e não se preocupavam em estar por perto quando podiam. Acreditavam que, dando tudo o que o filho quisesse e uma educação de qualidade, ele estaria feliz. Dessa forma, o menino passava horas brincando sozinho com seu videogame ou com seus brinquedos, assim como diante da TV.

Com o passar do tempo, o rapaz começa a fazer amizades com pessoas de sua idade, mas envolvidas com atividades ilícitas. Elas o convidam a fazer parte de um grupo no qual todos se tratam como família, em que todos são irmãos e defendem uns aos outros. Para o rapaz, essa é uma espécie de conexão desconhecida, pois foi pouco vivenciada na família de origem. Com a necessidade de pertencimento latente, o ímpeto de aceitar essa vida com o novo núcleo que o acolheu é enorme, fazendo com que busque atender a todas as expectativas do grupo, incluindo coisas indesejadas, como mentir para os pais, faltar com respeito com as pessoas, roubar até mesmo os familiares, embriagar-se, entre outras atitudes nocivas.

2. IMPORTÂNCIA

O segundo padrão é a importância, que se refere à necessidade inconsciente de se sentir querido, único e indispensável por um indivíduo (ou grupo de indivíduos) por meio das experiências vividas. A memória de importância é a raiz de uma personalidade segura, autoconfiante e feliz.

Exemplifico com o caso de João, que viveu durante toda a vida em situação de intensa vulnerabilidade social e jamais havia experimentado o que era se sentir importante e pertencente. Desde muito jovem entrou para o mundo das drogas. Até, que tempos depois, foi acolhido em uma obra social cujo trabalho consiste em desenvolver um trabalho de recuperação física, emocional e espiritual com dependentes químicos. Nessa casa, ele viveu diversas experiências de importância. Uma delas foi a sua primeira festa de aniversário. Durante toda a sua vida, jamais alguém havia preparado uma festa de aniversário para ele. E, mesmo sem saber disso, todos os colegas e responsáveis que residiam nessa casa de recuperação prepararam uma surpresa para ele. Bolo, balões, docinhos, refrigerantes, sucos e um grupo de pessoas reunidas, somente para celebrar a vida de João. Após os parabéns, recebeu abraços, bilhetes e presentes. Ao vivenciar esse momento, João chorou profundamente e revelou que nunca ninguém havia feito isso por ele. E disse: "Vocês me ensinaram o que é me sentir amado".

Quantas pessoas eu já ouvi falando: "Eu não faço aniversário para o meu filho. É só gasto de dinheiro. Quando ele crescer, ele não vai lembrar". Amigo, amiga, você pode imaginar como teria sido a vida de João se ele tivesse experimentado na infância as sete experiências? Sentir-se importante jamais será vaidade. Pelo contrário, é um direito e uma necessidade essencialmente humana.

A memória de importância se manifesta quando a criança recebe a atenção plena dos pais durante uma brincadeira ou uma conversa. Sem smartphone ou qualquer outra distração, ela consegue viver uma experiência completa de importância, como o momento de desenvolvimento de sentimento de importância

Passo 4 – Fortaleça seu filho por meio das sete experiências **173**

vivido pelo João na história anterior. Em comemorações como essas, a criança tende a se sentir importante porque todos foram ao evento por causa dela. Os avós, os tios, os primos e os amigos foram prestigiá-la. Ela ganhou presentes, brincou e ficou no centro de toda a celebração, recebendo o afeto de todos.

Viver experiências que geram memórias de importância durante a infância nos faz recorrer, a todo momento, a quem realmente somos, inclusive nas adversidades.

Seja em casa, na escola ou na comunidade, a criança sabe o quão importante é porque viveu a experiência; logo, ninguém pode tirar isso dela. Além disso, é fundamental valorizar a contribuição da criança em casa, acompanhando cada evolução dela. Os primeiros passos, a primeira palavra escrita, a primeira nota máxima na escola. É preciso apoiar e validar até as menores ações, como alguma ajuda que a criança ofereceu para arrumar a mesa ou o desenho que fez de presente para a mãe.

Também é essencial, desde cedo, que a criança tenha um propósito, que se sinta importante, amada incondicionalmente e que vivencie muitas experiências nas quais os pais deixam os compromissos para ficar com ela: por exemplo, saírem do trabalho para socorrê-la quando passou mal na escola; estarem presentes na apresentação de teatro da escola; confortá-la no dia em que o time da escola perdeu, entre outras situações cotidianas.

Uma criança que, por qualquer motivo, não se sente importante tende a crescer insegura e emocionalmente machucada. Em geral, torna-se um adulto submisso às situações e às pessoas, com baixa autoestima e, em casos mais extremos, até com disfunções comportamentais.

Vale ressaltar aqui a enorme quantidade de crianças diagnosticadas com Transtorno de Déficit de Atenção com Hiperatividade (TDAH), mas que, na realidade, apresentam comportamento extremamente ativo para expressar uma necessidade que não está sendo atendida. É uma forma de se sentirem importantes, reconhecidas, olhadas, cuidadas e amadas. Há, ainda, casos de crianças desatentas em sala de aula não porque apresentam déficit cognitivo, mas porque estão sendo consumidas pela preocupação com a família após presenciarem conflitos dos pais por vários dias seguidos.

Somos nossas memórias, somos o passado. O futuro não existe e o presente é um microinstante que passa a cada milésimo de segundo. O que você está vendo em si mesmo, em relação à estrutura orgânica, é passado.

Exemplos como esses demonstram que, se queremos que nossos filhos se desenvolvam de maneira saudável e sejam bem-sucedidos naquilo que forem realizar e nos relacionamentos que vierem a ter, precisamos cuidar das experiências que eles estão tendo em casa e promover, intencionalmente, todas aquelas de que são importantes para que cresçam fortes e saudáveis. Quando fazemos do nosso lar um ambiente de afeto, contribuímos para que nossos filhos aprendam melhor na escola, sejam mais corajosos, criativos, ousados, resilientes e autoconfiantes.

3. CONEXÃO

O terceiro padrão é a conexão, que representa algo ainda mais inconsciente e intangível: os laços de amor. Se você já teve o prazer de olhar nos olhos de uma criança recém-nascida, provavelmente sentiu a sensação de ter a alma vasculhada. Mesmo não sendo conscientes, essas primeiras memórias de bebê são essenciais para o desenvolvimento emocional e físico de cada indivíduo.

Um caso interessantíssimo que expressa a importância das memórias de conexão na vida de um indivíduo é o da argentina María Laura Ferreyra,[32] que acordou do coma em que estava havia trinta dias para amamentar a filha. A menina de 2 anos, que ainda não visitara a mãe no hospital, aproximou-se, abraçou-a e fez o barulho característico de quando queria ser alimentada. Imediatamente, María acordou, tirou o vestido e amamentou a filha. Com a descrição dessa experiência supomos que o simples toque da criança e o som característico que emitiu ativaram a profunda memória de conexão que María possui com a filha, o que a fez acordar do coma. Assim como o abraço, o VO[33] e um simples toque podem ser formas poderosas de conexão, seja com um irmão, uma irmã, a mãe, o pai, os

---

[32] BAQUI, M. Em coma há um mês, mulher acorda para amamentar filha caçula na Argentina. **Correio Braziliense**, 28 nov. 2019. Disponível em: https://www.correiobraziliense.com.br/app/noticia/mundo/2019/11/28/interna_mundo,809972/em-coma-ha-um-mes-mulher-acorda-para-amamentar-filha-cacula-na-argent.shtml. Acesso em: 02 dez. 2020.

[33] Técnica que consiste em olhar profundamente nos olhos da outra pessoa, respirar no mesmo ritmo e se conectar. É um momento no qual as palavras não são necessárias e você está totalmente entregue ao instante, vivendo o aqui e o agora. Falamos sobre ela no Capítulo 6.

filhos ou até com o cônjuge. A necessidade de conexão com nossos filhos não se resume aos primeiros anos de vida; eles sempre vão precisar de nós.

Lembre-se do que já falamos anteriormente: pode ser comum ver famílias sentadas ao redor da mesa, cada uma das pessoas imersa no próprio smartphone, mas isso não é normal. Pode ser comum ver adolescentes trancados em seus quartos, indiferentes e ingratos aos pais, mas isso não é normal. Pode ser comum ver membros de uma mesma família ficarem sem se falar por longos períodos de tempo, mas isso não é normal. Somos seres sociais e temos sede de conexão. Não de conexões negativas ou superficiais, mas do tipo que nos façam sentir amados, importantes, valiosos e únicos. Qualquer comportamento que nos distancie disso não pode ser considerado normal.

Quanto tempo faz que você não olha seus filhos nos olhos para perceber o que sentem de verdade? Qual foi a última vez que abraçou demoradamente cada um deles e sentiu que vocês eram, de fato, uma coisa só? Com que frequência os tem elogiado pelos esforços e talentos?

São atitudes aparentemente simples, mas que fazem toda diferença quando falamos de construção de experiências positivas. As memórias formadas com base em cada um desses gestos e as palavras ditas nesses momentos são essenciais para a formação e o fortalecimento de nossas crenças de identidade e merecimento.

4. LIMITES/AUTORRESPONSABILIDADE

O quarto padrão é a memória de limites. Vivemos em uma época em que a dificuldade de proporcionar limites para os filhos parece ser realmente um problema para pais e mães. Essas famílias sequer compreendem o mal que estão fazendo aos filhos ao privá-los dessas experiências, dessas memórias de autorresponsabilidade.

Estabelecer limites é o maior ato de amor que você pode proporcionar ao seu filho. É um ato de cuidado, que demonstra o quanto você se importa com ele, com o futuro dele, a ponto de saber que, em determinados momentos, a melhor coisa que você pode fazer por quem mais ama é dizer um "não". É também saber se posicionar como pai, mãe ou responsável para prezar pelo bem-estar físico e emocional desse bem tão precioso: seu filho.

Passo 4 – Fortaleça seu filho por meio das sete experiências **177**

Permitir que os filhos façam apenas o que querem desde a infância pode parecer uma forma de demonstrar carinho, de ser amigo deles, de tentar permitir que eles aprendam com as próprias experiências... Mas se trata, na verdade, de abandono. É colocar nas mãos deles decisões que eles não têm condições de assumir, e não deveriam precisar ainda.

Dar limites é garantir que seu filho chegue ao destino que ele deseja. Imagine uma estrada de duas mãos que conta com um caminho todo sinalizado. A sinalização existe para estabelecer limites. As linhas no meio da pista dizem de que lado eu tenho que ficar, já que não posso simplesmente transitar pelo meio. Existe um limite de velocidade determinado para garantir a segurança.

Quando impõe limites ao seu filho, você é a sinalização e diz: "Filho, se você for por aqui, vai bater em uma árvore", "Filho, se você passar desse limite, vai cair em um buraco", ou mesmo "Filho, se você não obedecer aos limites que estou delimitando aqui, não vai conseguir fazer a próxima curva".

Não estabelecer limites é expor seus filhos a dor e sofrimento para ele e para quem está ao redor. Uma criança sem limites pode se transformar em uma criança mal-educada; um adolescente sem limites pode se tornar um delinquente; é possível que um adulto sem limites vire um criminoso; e um marido ou uma esposa sem limites pode se tornar alguém que não respeita a família, que trai o cônjuge. Proporcionar limites dentro da sua casa é construir um lar onde as pessoas se respeitam, se amam e vivem uma real felicidade.

Crianças, adolescentes e jovens precisam de limites para desenvolver perseverança e determinação, importantes para quando buscarem seus sonhos extraordinários; para aprender a importância que pode ter uma decisão de adiar o prazer imediato; para saber que seus pais se importam o suficiente para dizer "não" quando for o melhor para a vida, o futuro e o crescimento deles; e até mesmo para desenvolver responsabilidade pelos próprios atos e tomadas de decisões, assunto sobre o qual vamos falar um pouco mais ao longo deste tópico.

***

Nunca é cedo demais para começar a dar limites aos filhos. Pelo contrário, quanto mais cedo uma criança começar a viver essas experiências, mais e melhor vai usufruir delas e de suas consequências para a saúde emocional. Muitos pais e mães adiam propor limites aos filhos quando bebês por acharem que são muito pequenos para entender a mensagem que estão tentando ensinar.

No entanto, desde cedo, a criança precisa entender o que pode ou não fazer, por onde deve ou não ir. A um bebê precisa ser ensinado que não pode mexer na tomada, que ele não deve abrir a gaveta da cozinha onde estão as facas, que não pode brincar perto de um fogão. Da mesma forma, uma criança mais crescida precisa saber que existem horários e rotinas para as refeições, para tomar banho, para brincar e também para dormir.

A um adolescente também precisa ser ensinado que existe uma hora para voltar para casa, que ele não pode fazer tudo que deseja, que não pode ir para todos os lugares que gostaria ou mesmo a alguns lugares sozinho ou sem consentimento dos responsáveis. Tudo isso pode e deve ser ensinado, e trata-se do papel mais essencial de uma mãe ou um pai responsável. Cada idade ou fase de desenvolvimento (falamos sobre elas no Capítulo 7 e 8) trará suas próprias necessidades de ensinamentos e limites. Mais que isso, trará também oportunidades para que você não abandone seu filho e proporcione as experiências de limites de que ele mais precisa para crescer e evoluir como pessoa.

Se dar limites é um ato de amor, não se esqueça de fazer isso também comunicando o amor. Mesmo se você tiver que repetir a mesma orientação várias vezes, faça isso com paciência, olhando nos olhos do seu filho, sabendo o motivo pelo qual você está fazendo aquilo. Lembre-se de que o objetivo é que ele aprenda, que cresça com limites, que saiba que é amado pelos pais.

A repetição também é uma expressão desse amor. É não parar no meio do caminho do ensinamento, é não desistir de tentar ensinar o que seu filho precisa aprender. É saber que aquilo que está ensinando é tão importante para o futuro de quem você ama que você vai repetir a quantidade de vezes que for necessária para que aquele aprendizado faça parte da vida do seu filho. Até porque a criança precisa dessa retomada para aprender, a repetição faz parte do aprendizado de novos conhecimentos.

Portanto, se você quer ter um filho bem-sucedido, forte e saudável emocionalmente, seja aquele que sabe dizer "não" quando necessário. Seja um pai

Passo 4 – Fortaleça seu filho por meio das sete experiências **179**

ou mãe que se posiciona e que faz isso com amor; que permite que o filho se frustre, mas que não se permite ser a fonte dessa frustração.

Muitos pais, por medo de perder o amor dos filhos, deixam de se posicionar e acabam agindo mais como "amigos" dos filhos. São pais de crianças que receberam permissão para o mau comportamento, que xingam os colegas e não receberam a devida orientação sobre como isso machuca a outra pessoa; são os pais de filhos que, quando adolescentes, pensam que podem fazer qualquer coisa sem ter que lidar com as consequências de seus atos.

Na maioria das vezes, os pais que não sabem proporcionar limites acreditam que a "culpa" do mau comportamento é do filho, que é uma criança que não escuta, não obedece, é teimosa, e assim por diante. No futuro, são esses mesmos pais que estarão reclamando dos filhos e do que eles fazem e desejando que a interação com eles fosse mais fácil. Tudo porque se eximiram e continuam se eximindo da responsabilidade, aliás, da autorresponsabilidade (tema que abordamos profundamente no Método CIS©) de proporcionar limites a quem tanto amam.

A criança, em geral, só vai querer diversão e conforto, dizendo frases como "Não quero comer" e "Não quero ir para o colégio". O "não" imposto a ela é o que a tira da zona de conforto, ensinando-a a fazer o que tem que ser feito, nutrindo-a de socialização e sociabilidade. O "não" estabelece limites para ajudar a criança a viver a sua real identidade.

Diante disso, alguém pode perguntar: "Mas uma criança que escuta muitos 'nãos', que é impedida de cair da ribanceira, não precisa também 'quebrar a cara', se frustrar como aprendizado?". Nesse momento, nós é que precisamos perguntar: "Qual pai ou mãe, em sã consciência, vai se omitir de dar limites para ver o filho sofrer, para ver o filho experimentar dor?".

A natureza humana é rebelde, naturalmente a criança ou o adolescente vai desobedecer em algum momento, vai violar os limites e vai "quebrar a cara" por isso. Mas vai quebrar muito menos se obedecer aos limites proporcionados pelos pais. E, mesmo quando desobedecer, que ela ou ele aprenda as consequências da própria desobediência. Porque, novamente, os limites não são dados para impedir o filho de ir, de seguir a jornada dele, mas para impedi-lo

180 Decifre e fortaleça seu filho

de sair da estrada, de bater em um obstáculo, de se perder em uma curva, de cair em algum buraco.

Muitos pais e mães ainda entendem limites como um sinônimo de limitação, veem como uma imposição, de não poder ir, de não pode fazer; mas as verdadeiras experiências de limites significam mostrar as opções e dizer que pode, que faça, mas que vá pelo caminho certo, mais seguro, mais ecológico, o caminho que vai ser melhor para a criança e até mesmo para as pessoas ao redor dela: "Filho, você pode brincar, desde que não suba naquele muro muito alto" ou "Filha, você pode ficar no videogame, desde que não ultrapasse uma hora por dia".

E a autorresponsabilidade? A essa altura, você pode estar se perguntando: "Mas qual é a ligação, a conexão, entre as experiências de limites e a autorresponsabilidade?". Da mesma forma que acontece com as experiências de limites, a criança precisa compreender e vivenciar experiências de autorresponsabilidade desde cedo. O conceito pode ser compreendido por meio do que chamamos de "As seis leis da autorresponsabilidade", hábitos e práticas que, quando aplicados ao dia a dia, podem ser absolutamente transformadores:[34]

1. **Se é para criticar, cale-se;**
2. **Se é para reclamar, dê sugestão;**
3. **Se é para buscar culpados, busque solução;**
4. **Se é para se fazer de vítima, faça-se de vencedor;**
5. **Se é para justificar seus erros, aprenda com eles;**
6. **Se é para julgar as pessoas, julgue apenas suas atitudes e comportamentos.**

Aprender sobre a autorresponsabilidade desde cedo é uma oportunidade única para qualquer pessoa, pois a criança terá a vida inteira para usufruir dos benefícios do conceito e de uma postura autorresponsável.

A criança precisa, com todo o amor do pai ou da mãe, entender que suas ações, atitudes e escolhas têm consequências; não para que sinta culpa, mas para que, desde pequena, aprenda a assumir de modo consciente a responsabilidade

---

34 VIEIRA, P. **O poder da autorresponsabilidade**: a ferramenta comprovada que gera alta performance e resultados em pouco tempo. São Paulo: Gente, 2018.

Passo 4 – Fortaleça seu filho por meio das sete experiências **181**

dos seus atos. Esta é uma importante forma de proporcionar limites para a criança: além de ensinar o que ela pode ou não pode fazer, ensinar também que tudo que ela faz é acompanhado de consequências.

É claro que, da mesma forma que acontece com os limites, cada idade, etapa e fase de desenvolvimento da criança tem as melhores formas e oportunidades de ensinar a importância da responsabilidade por seus atos.

Por exemplo, uma criança que se recusa a estudar para uma prova e, assim, tira uma nota baixa pode, com a ajuda dos pais, entender a relação entre sua escolha e o resultado que obteve. Dessa forma, vai saber que, quando quiser obter uma boa nota, precisa assumir a responsabilidade diante do resultado que busca e estudar para isso.

Aprender sobre autorresponsabilidade é, por si só, uma experiência de limites. O conceito nos ensina que se não quisermos obter certos resultados, existem certas coisas que não devem ser feitas. Esse é um dos muitos motivos pelos quais nunca cansamos de falar o quanto a autorresponsabilidade é um aprendizado libertador. Embora a criança seja dependente dos pais e, portanto, não possa mudar a própria vida por meio da autorresponsabilidade, a vida do filho pode, sim, ser transformada pelo exemplo dos pais e por um aprendizado iniciado desde cedo a respeito do que o conceito significa, algo que certamente vai impactar todo o futuro dessa criança de maneira extraordinária.

O livro *O poder da ação para crianças*,[35] uma parceria extraordinária entre mim e o cartunista e escritor Maurício de Sousa, aborda a autorresponsabilidade de uma forma única. Ele possibilita o aprendizado infantil de maneira lúdica por meio de diversas histórias protagonizadas pelas personagens da Turma da Mônica, tão conhecidos e amados por pessoas de todas as idades. Essa obra foi a forma que encontramos para nutrir um conceito poderoso, tão importante na vida de qualquer ser humano, que deveria estar desde cedo na vida de nossas crianças, que vão crescer colhendo os frutos e usufruindo da liberdade de vivenciar o comando da própria vida. Para pais e responsáveis que

---

35 VIEIRA, P.; SOUSA, M. de. **O poder da ação para crianças**: Como aprender sobre autorresponsabilidade e preparar seus filhos para uma vida feliz e completa. São Paulo: Gente, 2018.

buscam inserir a autorresponsabilidade na vida dos seus filhos, esse é um livro sem igual para um aprendizado duradouro, com resultados fundamentais e para um futuro extraordinário.

Pais, mães e responsáveis, como os adultos de referência para a criança, além de falar sobre autorresponsabilidade, precisam ensiná-la principalmente por meio de exemplos. Os filhos estão sempre observando e até mesmo copiando muitas das atitudes e ações dos pais e das mães, é algo natural para o desenvolvimento e o crescimento deles. Portanto, além de a autorresponsabilidade ser importante na vida de todo e qualquer ser humano, talvez seja ainda mais relevante na vida daqueles que têm filhos, pela necessidade de ensinar a criança a respeito desse tema desde cedo por meio do exemplo encontrado nos adultos que fazem parte da vida dela.

Aprender sobre autorresponsabilidade é, por si só, uma experiência de limites. Ela nos ensina que, se não quisermos obter certos resultados, existem certas coisas que não devemos fazer.

5. GENEROSIDADE

O quinto padrão de memórias é a generosidade, que representa a disponibilidade em contribuir e compartilhar com o outro. Auxiliar um necessitado, doar um brinquedo ou mesmo se oferecer para ajudar alguém a preparar uma refeição são atitudes que a criança precisa experimentar por meio dos pais. Ultrapassando as boas ações dos dias especiais, os atos de gentileza precisam fazer parte da vida cotidiana em família.

As crianças aprendem o que é ser generoso vendo e praticando elas mesmas. É um exercício diário que não se restringe ao ambiente do lar, mas a qualquer um em que estejam inseridas.

As crianças estão a todo momento absorvendo tudo o que podem de todos os ambientes com os quais têm contato. Isso porque, nos primeiros anos de vida, é realizado um número altíssimo de conexões sinápticas. Portanto, para que seus filhos aprendam o que é generosidade e possam praticá-la na própria vida e na das pessoas que os rodeiam, precisam vivenciá-la em casa desde cedo.

Quanto mais generosidade puderem ver e experienciar, melhor. Desde ações menores, como auxiliar o colega de escola que está com dificuldade em determinada disciplina, fazer companhia à vovó que se sente sozinha ou dar uma carona ao vizinho; até as maiores, como visitas a instituições de caridade e campanhas de arrecadação de brinquedos e alimentos, ter atitudes generosas traz tanto benefícios para quem as pratica quanto para quem as recebe. Conscientemente, gera satisfação; inconscientemente, fomenta o padrão de experiências de generosidade que vão preenchendo o cilindro de memórias fortalecedoras e curativas, deixando as memórias negativas para trás.

6. CRESCIMENTO

O sexto padrão é o crescimento, representa a autopercepção de crescimento físico e está diretamente relacionado à autoestima e à autoconfiança. É importante para a criança perceber-se crescendo. Quem nunca ficou diante do espelho observando o quanto crescera desde a última medição? É comum esse tipo de curiosidade na infância porque a necessidade de a criança se ver sempre maior é real.

Existe ainda o crescimento simbólico. Celebrações de aniversário, formatura infantil, formatura do Ensino Médio, colação de grau e até uma promoção no trabalho são exemplos de ocasiões em que vamos percebendo o quanto crescemos nas diferentes fases da vida. Da mesma forma que isso é importante para nós, adultos, também o é para as crianças.

7. MISSÃO/SIGNIFICADO

O sétimo padrão é a missão, que representa as experiências com as quais a criança vivencia um propósito de vida. Assim como a generosidade, cabe aos adultos a condução de uma vida familiar regida por uma missão de valor.

Ações como levar o filho a uma praça para ajudar pessoas em situação de rua, oferecendo-lhes comida, roupas ou até mesmo uma palavra de apoio, além de ser uma atitude de generosidade e crescimento, é uma forma de proporcionar uma mudança no mundo.

Entre outros exemplos em que é possível incutir memórias de missão nas crianças, estão campanhas de limpeza da orla de praias, adoção de animais de estimação e plantação de mudas de árvores em locais com pouca vegetação.

Atitudes que geram memórias de missão levam nossos filhos a entenderem a importância e o impacto de suas ações e de seus comportamentos no mundo.

Memórias de missão são experiências nas quais seu filho age com algum propósito.

Vou exemplificar isso com um caso real.

No aniversário de 6 anos do filho, a mãe perguntou que tema ele gostaria para a comemoração. O garoto respondeu: "Quero que seja confeitaria". E explicou: "Quero fazer docinhos para vender e arrecadar dinheiro para tirar meus 'irmão-zinhos' da rua". A mãe, comovida e contente, assim o fez. Foram vendidos kits com doze docinhos, nos quais não havia valor estipulado. Cada comprador pagava segundo seu desejo. Por fim, foram arrecadados mais de 30 mil reais, e com o dinheiro, uma nova sede da instituição social foi construída para acolher pessoas em situação de rua.

Com base nessa história, vemos que para gerar memórias de missão é importante levar em consideração a fase em que nossos filhos se encontram e aproveitar o interesse natural que surge no coração deles. Frequentemente, eles vão se espelhar em nós. Se desenvolvemos algum trabalho de assistência a pessoas em situação de rua, por exemplo, nossos filhos também poderão querer contribuir à sua maneira. Outras vezes, podem ter sensibilidade maior com a natureza, por exemplo, e querer alimentar animais de rua. Se for ecológico, ou seja, bom para a criança e para aqueles à sua volta, por que não permitir que ela vivencie essas experiências que fazem seus olhos brilhar?

Os sete padrões de memória (experiências de pertencimento, importância, conexão, limites/autorresponsabilidade, generosidade, crescimento e missão) são vivências que se entrelaçam. Imagine um passeio em família em que os filhos podem viver experiências de pertencimento ao andar de bicicleta com os pais; de importância, ao perceberem que os pais deixaram tudo para estar

Passo 4 – Fortaleça seu filho por meio das sete experiências **185**

ali com eles; e de generosidade, ao ajudarem, na volta do passeio, o vigilante que passava mal. Quantas memórias positivas foram vividas e registradas, potencializando nos filhos crenças fortalecedoras de identidade, capacidade e merecimento.

A Teoria Geral das Memórias (TGM) propõe que, por meio da ressignificação das memórias, qualquer pessoa possa mudar aspectos de sua vida de maneira extraordinária. Só precisa dar o estímulo certo, na intensidade certa, pelo tempo certo. E isso, entre muitos outros conteúdos, aprendemos a fazer no maior treinamento de inteligência emocional do mundo, o Método CIS©. Imagine quantas possibilidades esse conteúdo pode trazer para sua família se você colocar em prática experiências que vão gerar memórias positivas e fortalecedoras em seus filhos!

Aprender sobre autorresponsabilidade é, por si só, uma experiência de limites. Ela nos ensina que, se não quisermos obter certos resultados, existem certas coisas que não devemos fazer.

capítulo 10:
passo 5 – decifre a si mesmo

sara braga

Quando falamos sobre as dezoito maneiras de amar, lá no Capítulo 6, você viu que uma forma de demonstrar esse amor para seus filhos é amando a si mesmo. A jornada de autoconhecimento é necessária para que possamos viver a nossa melhor versão, principalmente com aqueles que mais amamos.

ENTENDENDO A SI MESMO PARA ENTENDER OS OUTROS

Apesar de todo o conhecimento acumulado pela humanidade, não é exagero dizer que ainda hoje nos deparamos com questões de perfil comportamental que muitas vezes nos desorientam ou nos surpreendem. Trilhar um caminho de autoconhecimento é, sem dúvida, a melhor e mais concreta maneira de amar os nossos filhos.

Autoestima, em uma explicação simples, é bem-querer a si mesmo. É um sentimento que reflete a alegria de ser quem você é. Um dos maiores presentes que nós podemos dar aos nossos filhos e a nossa família é cuidar de nós mesmos, porque quando mudamos, tudo muda ao nosso redor.

Nathaniel Branden (1930-2014), conceituado psicoterapeuta estadunidense, resume bem o conceito: "De todos os julgamentos que fazemos, nenhum é tão importante quanto o que fazemos de nós mesmos".[36]

A forma como fomos tratados pelos adultos de referência da nossa infância tem muita influência na nossa autoestima hoje. Tudo o que vimos, ouvimos e sentimos criou as nossas crenças de identidade, capacidade e merecimento.

A sua autoestima está em suas mãos. Como diz Paulo Vieira, "quando permitimos olhar para o nosso mais profundo eu, trazemos luz e consciência a quem de fato nós temos sido a quem de fato iremos ser".[37]

Resgatar o nosso valor, o nosso sentimento de capacidade e merecimento é muito importante para um bom relacionamento com os filhos. Por mais que

---

36 BRANDEN, N. **Como aumentar sua autoestima**: aprenda a acreditar em si mesmo e a viver com confiança e otimismo. Rio de Janeiro: Sextante, 2009. p. 10.

37 VIEIRA, P. **O poder da ação**: faça sua vida ideal sair do papel. São Paulo: Gente, 2015.

eu seja amada por minha família, pelo meu esposo, pelos meus amigos, se eu não amar a mim mesma, vou continuar com aquele sentimento de inadequação da infância. As pessoas que trabalham comigo podem me validar de várias formas, mas se eu não acreditar em mim mesma, na minha capacidade de fazer coisas extraordinárias, no quanto sou merecedora de coisas boas, pouco vai adiantar.

Temos todos que assumir a autorresponsabilidade e buscar ser quem Deus nos fez para ser, entendendo que autoestima tem a ver com o que eu penso e sinto sobre mim, não com a opinião dos outros.

Quanto vale a sua autoestima?

Consciência é a principal característica humana. É a percepção ou entendimento que permite ao ser humano compreender tanto os aspectos do seu mundo interior, como também o mundo que o cerca. É entender os "porquês", entender o significado de causa e efeito, e ainda se colocar na linha do tempo, percebendo as influências de acontecimentos do passado no presente e no futuro.

Autoestima requer autoaceitação e posicionamento. A semente do posicionamento é plantada na infância. Outro ponto importante para que se tenha autoestima é ter uma visão positiva de futuro.

Também é necessária a integridade, bem como a vontade de cumprir o que prometeu, alinhar teoria e prática, fazer aquilo que promete, enfim, ser verdadeiro. Também fundamental para a construção da nossa autoestima é nos libertar da culpa.

Agora pense: a partir de quais padrões você tem julgado o comportamento dos seus e dos outros? Quando você pensa nas ações das quais se culpa, você procura entender qual foi a motivação que o levou a agir dessa maneira?

A culpa aprisiona e paralisa, escutar a própria consciência pode ser libertador. Como diz Nathaniel Branden:

Um dos piores erros que podemos cometer é dizer a nós mesmos que o sentimento de culpa representa necessariamente algum tipo de virtude. A rigidez intransigente com nós mesmos não é motivo de orgulho. Ela nos deixa passiva e impotente. Não inspira mudanças,

A forma como fomos tratados pelos adultos de referência da nossa infância tem muita influência na nossa autoestima hoje. Tudo o que vimos, ouvimos e sentimos criou as nossas crenças de identidade, capacidade e merecimento.

paralisa. Sofrer é talvez a mais simples das atividades humanas; ser feliz é talvez a mais difícil. E a felicidade requer não a rendição à culpa, mas a emancipação da culpa.[38]

SERÁ QUE VOCÊ SE CONHECE REALMENTE?

De modo geral, todos nós sabemos mais ou menos o que nos agrada e o que nos incomoda. Isso certamente não é diferente com você. Poucos, porém, sabem a razão disso acontecer e entendem por que aceitamos certas pessoas ou condições e detestamos e rechaçamos outras. Menor ainda é o número de pessoas que conseguem se ver e se entender de modo organizado, isto é, dentro de um sistema que segue regras e que pode, justamente por isso, lidar com ambientes e situações que podem ser mais ou menos previsíveis.

Diante disso, trazemos a seguir um questionário indispensável para o seu autoconhecimento. São perguntas simples, e as respostas vão dizer muito sobre sua personalidade. Ao responder com sinceridade, refletindo sobre o que está dizendo, não tenha dúvidas de que estará dando um enorme passo para se autoconhecer – o que já é meio caminho para aprender a decifrar os outros e, principalmente, os filhos.

1. Quais são suas maiores qualidades?

2. E seus maiores defeitos? Ou, ainda, em quais pontos você poderia melhorar?

---

38 BRANDEN, N. **Autoestima**: como aprender a gostar de si mesmo. São Paulo: Saraiva, 2000.

3. Como você encara os desafios da vida?

_____

_____

_____

4. O que tira você do sério?

_____

_____

_____

5. Você é melhor em falar ou em ouvir? Por quê?

_____

_____

_____

6. Se você pudesse explorar 100% das suas potencialidades, quem você seria?

_____

_____

_____

Estamos sempre mudando nossos comportamentos, adquirindo aprendizados e criando novos hábitos que podem influenciar como somos avaliados ou vistos pelos outros. Diante desse dinamismo, é preciso ficar atento e buscar o autoconhecimento como um processo constante de evolução, assim como é constante o trabalho de conhecer seu filho e, a partir disso, ter uma comunicação mais assertiva com ele, situação que requer um movimento intenso da sua parte rumo ao autoconhecimento.

A identidade é movimento, é desenvolvimento do concreto, é metamorfose. Toda identidade é coletiva e historicamente construída, é um conjunto de fatores que nos forma como imagem e reconhecimento enquanto ser humano. Nesse sentido, cabe dizer que tudo o que viveu até aqui é a matéria-prima que

Passo 5 – Decifre a si mesmo **193**

você vai usar para chegar aonde quer. Cada experiência vivida se transforma em um elemento que vai compor o motor para alcançar os seus objetivos.

Quando cultivamos o autoconhecimento, nos propomos a confiar nos valores que carregamos, identificando cada um e os cultivando de modo responsável em nossas atitudes e personalidade.

Devemos manter os pensamentos positivos e agir de modo que sejamos capazes de enxergar uma autoimagem positiva, sem esquecer que devemos carregar o perdão e a aceitação das nossas vulnerabilidades. Só assim poderemos proporcionar verdadeiramente uma interação que seja capaz de enriquecer os momentos com nossos filhos.

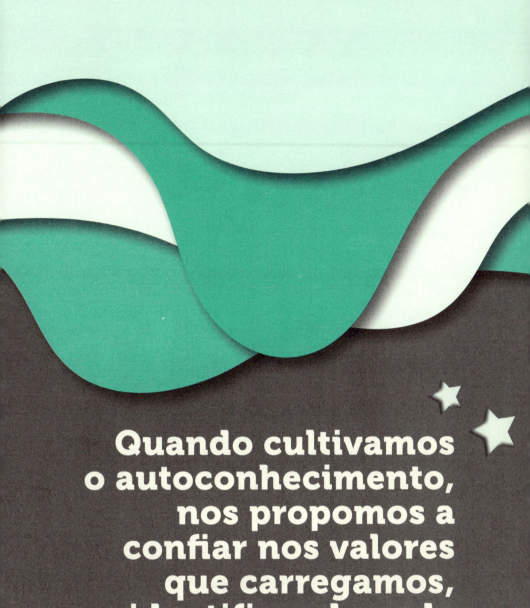

Quando cultivamos o autoconhecimento, nos propomos a confiar nos valores que carregamos, identificando cada um e os cultivando de modo responsável em nossas atitudes e personalidade.

parte

3

capítulo 11: literatura superpoderosa, um caminho para nutrição emocional

viviane veiga távora

Nem todo livro para criança é livro de literatura infantil, nem todo livro de literatura infantil é superpoderoso, mas todo livro superpoderoso tem a capacidade de nutrir as dezesseis competências socioemocionais da teoria DISC.

Quando um livro escrito para crianças possui uma alta qualidade literária, passa a ter o que chamamos de verdadeiros superpoderes. Esses superpoderes vão muito além do estímulo à leitura e da diversão, eles tornam essas obras verdadeiros super-heróis em forma de capas e páginas, que são capazes de nutrir positivamente as crianças. São três os superpoderes da literatura infantil, também conhecidos como funções literárias. Vamos conhecê-los agora.

PÓ HUMANIZADOR (OU FUNÇÃO HUMANIZADORA)

O Pó Humanizador da literatura infantil pode ser pensado como um pó tão fino, mas tão fino, que não conseguimos enxergar, com uma composição tão complexa quanto a própria natureza humana.

Ele é chamado assim porque contribui para que o leitor desenvolva algumas características essenciais para o seu crescimento:

- Exercício da reflexão;
- Aquisição do saber;
- Boa disposição para com o próximo;
- Afinamento das emoções;
- Capacidade de penetrar nos problemas da vida;
- Senso de beleza;
- Percepção da complexidade do mundo e dos seres.

O Pó Humanizador presente nos livros de literatura infantil é formado por diversos componentes, mas três deles não podem faltar e são essenciais para que o superpoder realmente exista:

Componente estético

O componente estético do Pó Humanizador em um Livro Superpoderoso é a composição do livro em si, tanto pelo seu projeto gráfico (ilustrações, capa, tamanho, fonte, disposição do texto etc.) quanto pela construção textual (uso das palavras, figuras de linguagem, sonoridade etc.).

Essa composição, no livro de literatura infantil, auxilia na ordenação do caos interno do leitor, à medida que, de maneira sutil e quase imperceptível, a criança toma contato com o objeto-livro criado pelos seus produtores a partir de um caos originário.

Essa percepção é fina como um pó.

A superação desse caos originário acontece quando autor, ilustrador e editor lapidam a forma bruta da palavra e da imagem, criando um arranjo especial que compõe o livro com uma proposta de sentido.

Além disso, à medida que aumenta seu repertório de leitura de literatura infantil, o leitor desperta e alimenta seu senso estético e aprecia a beleza em outras obras literárias.

Componente subjetivo

O componente subjetivo do Pó Humanizador é a oportunidade de satisfazer a necessidade do leitor de conhecer e reconhecer sentimentos e comportamentos, tanto em si quanto nos outros.

Esse componente é mais que essencial para o jovem leitor, uma vez que ele mesmo só possui um repertório de relações sociais limitado e ainda incipiente, e esse é o poder da literatura infantil.

Sendo assim, quando o autor, por meio do uso criativo da linguagem, e o ilustrador, por meio da composição das imagens, apresentam um novo espectro de sentimentos e comportamentos que, no leitor, despertam o exercício da reflexão, a boa disposição com o próximo (à medida que o tornam mais empático), o afinamento das emoções e a capacidade de penetrar nos problemas da vida, sem que, necessariamente, ele os tenha vivido de modo real.

É como se outros mundos, vidas, relacionamentos, emoções e sentimentos fossem oferecidos ao leitor naquele momento da leitura, sem a necessidade de que ele experimente em sua própria vida toda aquela complexidade humana encontrada naquela obra.

Por exemplo, quando o leitor se depara com uma personagem que sofre em razão de um conflito, ele reconhece a situação e o sofrimento da personagem sem precisar ele mesmo viver e experimentar aquele sofrimento na sua vida.

Componente informativo

Por fim, mas não menos importante, temos o componente informativo do Pó Humanizador. E, aqui, precisamos tomar certo cuidado, porque não estamos falando de formar, mas de informar o leitor.

Ou seja, os livros de literatura infantil têm o superpoder de trazer para o leitor, de maneira lúdica, a aquisição de um saber, de uma informação, de um conhecimento ainda não adquirido, ao qual, talvez, não obtivesse acesso se não fosse por meio daquela obra.

É muito importante perceber a diferença entre formar e informar que, no contexto, está sobretudo na forma em que a obra é concebida.

Quando o livro nasce com o intuito de dar forma e conteúdo para conceitos importantes para o aprendizado formal, e apresenta elementos pensados para ensinar o leitor sobre determinado assunto, ele assume a sua identidade de obra didática ou paradidática.

Contudo, quando o livro nasce como arte, sem intenção de carregar um caráter informativo, e é uma forma de expressão do autor sobre um recorte de alguns aspectos da vida, ele assume uma identidade reconhecidamente literária.

O texto didático forma, encerra o assunto, repassa informações tidas como absolutas. O texto literário, por sua vez, informa, apresenta uma visão de mundo subjetiva, que permite outros entendimentos e informações.

Por essa razão, muitas vezes alguns livros de caráter mais lúdico e literário são utilizados como paradidáticos nas salas de aula, mas essa não é a sua natureza, nem mesmo a sua função.

São utilizados como paradidáticos porque, de alguma forma, a visão subjetiva do autor sobre algum tema coincide com o que se quer ensinar. Por exemplo, um autor que faz uso da rima de maneira inusitada, divertida e atraente provavelmente terá seu livro utilizado pela escola para ensinar sobre rima, sons, versos.

A literatura infantil, por meio do Pó Humanizador e dos seus três componentes, torna o leitor mais compreensivo e aberto ao que o cerca, ajuda na ordenação do caos interno e sensibiliza quanto ao próximo, quanto a si mesmo, seus comportamentos e suas necessidades.

Eu acredito como mãe. Não sou perfeita, mas procuro obter êxitos no papel de mãe. Gratidão por ter vocês! Meu filho tem apenas 1 ano e 8 meses, mas já sabe o que é um livro e o que contém nele. O interesse é genuíno. Todos os dias quando paro o meu trabalho e a babá vai embora, a primeira atividade que fazemos juntos é a leitura. Ele me vê e fala "bincá, mamãe! Itóia" ou seja: brincar com a mamãe de ler histórias. Isso é fantástico. Eu faço um mergulho no Universo lúdico e me divirto com ele.

Mírian Braga

RAIO SOCIAL (OU FUNÇÃO SOCIAL)

O segundo superpoder dos livros de literatura infantil é o Raio Social, tão importante quanto o Pó Humanizador.

Inicialmente, o livro em si já é um objeto social, uma vez que alguém o escreve e outro alguém o lê. Isso acontece sempre, independentemente de ele ser um Livro Superpoderoso ou não.

É muito importante perceber a diferença entre formar e informar que, no contexto, está sobretudo na forma em que a obra é concebida.

No caso da literatura infantil, acrescenta-se na equação a figura do ilustrador, que primeiro atua como leitor daquele texto que o autor escreveu e, depois, atua como transformador daquele texto em forma de ilustração. Assim, quando o livro chega ao leitor, há diversos interlocutores conversando com ele por meio de múltiplas linguagens.

Essa sociabilização aumenta o repertório da criança leitora e pode auxiliá-la, por exemplo, na sociabilização com outras crianças e também com os adultos. É como se fossem inseridos outros agentes de convivência para a criança, sem que necessariamente estejam ali.

O leitor conversa, por meio da leitura, com todos os agentes que imprimiram no texto, nas imagens e na concepção do projeto gráfico suas visões de mundo e individualidades.

É muito lúdico – mas também muito sério – pensar que, quando você compra um livro para uma criança, está oferecendo a ela a visão de mundo dos diversos agentes que produziram aquela obra, desde o autor que escreveu o texto até o editor que o finalizou para que fosse impresso, distribuído e vendido para você.

Além desse aspecto social, há crescente percepção da complexidade do mundo e dos seres que nele vivem. Isso acontece à medida que o leitor aumenta o seu repertório de personagens, situações, problemas, sentimentos e comportamentos ao encontrar diferenças culturais e sociais a cada nova obra.

Por exemplo, se o leitor ainda não teve a oportunidade de se relacionar com uma pessoa de personalidade mais inflexível e no livro se depara com uma personagem com essa característica, ao observar o relacionamento dessa personalidade com as demais personagens, passa a saber lidar com a complexidade desse relacionamento humano sem que, necessariamente, tenha interagido com uma pessoa assim na vida real.

Gratidão e esperança são as palavras que vêm em pensamento para descrever tudo que anda acontecendo em minha família. Eu estava sem um norte com meu filho, com medo da pandemia, das consequências da separação, mesmo fazendo o impossível para suavizar, me sentia perdida. Quando comecei o

> processo de assinatura dos livros superpoderosos, fui acolhida e me senti única e especial, além do acompanhamento contínuo, os livros e as trilhas de atividades nos trouxeram reflexões, alegrias, descontração, suavidade e esperança que tudo vai dar certo. É indescritível o desenvolvimento do meu filho emocionalmente, culturalmente, na escrita e na fala. Ele fica tão alegre e ansioso pelo próximo livro que tenho que ficar mostrando a confirmação de que já foi enviado. Obrigada por tudo do fundo do meu coração.
>
> **Anilma Lacerda**

ONDAS TERAPÊUTICAS (OU FUNÇÃO TERAPÊUTICA)

Alguns estudiosos se aprofundaram no superpoder da literatura infantil chamado Ondas Terapêuticas.

De tão importante, este superpoder deu origem à Biblioterapia, espécie de terapia de leitura imaginativa que utiliza o texto literário como ferramenta de cura ou prevenção psicológica, por meio da catarse (quando o leitor pode relacionar sua vida com a da personagem retratada), da introspecção (quando o leitor compreende e educa suas emoções) e da projeção (quando o leitor pode discernir a ligação da personagem com o seu caso).

Clarice Caldin, estudiosa desse superpoder, reuniu diversas citações de outros estudiosos de Biblioterapia em um mesmo artigo.[39] A maioria desses especialistas estudou e pesquisou o superpoder "Ondas Terapêuticas" a partir de outra pesquisadora, que iniciou seus trabalhos em 1943, Caroline Shrodes.

As propriedades das Ondas Terapêuticas não se limitam à literatura infantil. Elas também estão presentes na literatura geral. Confira a seguir algumas delas.

---

[39] CALDIN, C. F. A leitura como função terapêutica: biblioterapia. **Encontros Bibli**, Florianópolis, v. 6, n. 12, p. 32-44, 2001. Disponível em: https://periodicos.ufsc.br/index.php/eb/article/view/1518-2924.2001v6n12p32/5200. Acesso em: 13 set. 2021.

Identificação de problemas:

- Indica múltiplas soluções;
- Aponta informações que possam solucionar problemas reais;
- Encoraja a ação e resolução;
- Ajuda a verbalizar, conversar e exteriorizar os problemas;
- Ajuda a ver objetivamente os problemas;
- Faz perceber que o problema já foi vivido e superado por outros.

Incentivo a introspecção e autoconhecimento:

- Induz à introspecção para o crescimento emocional;
- Desperta melhor entendimento das emoções;
- Capacita o indivíduo a se conhecer melhor;
- Clarifica as dificuldades individuais;
- Presta auxílio ao leitor na análise do seu comportamento;
- Auxilia o leitor a entender melhor suas reações psicológicas e físicas de frustração e conflito;
- Ajuda o indivíduo a se libertar dos medos e das obsessões de culpa;
- Proporciona a sublimação da catarse;
- Previne o crescimento de tendências neuróticas;
- Conduz a uma melhor administração dos conflitos;
- Auxilia o autoconhecimento pela reflexão.

Estímulo inconsciente:

- Provoca a liberação dos processos inconscientes;
- Leva o ser humano a um entendimento de suas reações emocionais;
- Estimula a imaginação.

Incentivo à catarse:

- Ajuda o leitor a pensar na experiência vicária em termos humanos e não materiais;
- Estimula a verificar falhas alheias semelhantes às suas;

- Oferece a oportunidade de identificação e compensação;
- Realiza as experiências do outro para obter cura.

Experiência vicária:
- Proporciona desenvolvimento emocional pelas experiências vicárias;
- Proporciona experiência ao leitor sem que ele passe pelos perigos reais.

Orientação e comportamento:
- Proporciona aquisição de informação sobre a psicologia e a fisiologia do comportamento humano;
- Estimula a realizar movimentos criativos;
- Estimula novos interesses;
- Auxilia o indivíduo a viver mais efetivamente;
- Auxilia na mudança de comportamento;
- Biblioterapia de crescimento: diverte e educa.

Estímulo à sociabilidade:
- Afasta a sensação de isolamento;
- Cria interesse em algo exterior ao indivíduo;
- Proporciona a familiarização com a realidade externa;
- Aumenta a sensibilidade social.

Criação de valores:
- Ajuda a aferir valores;
- Reforça padrões culturais e sociais estáveis;
- Reforça padrões sociais desejáveis.

Preciso compartilhar o resultado do aprendizado de uma caminhada que tive com vocês. Depois de compreender a importância de respeitar as diferenças entre mim e meu filho devido aos nossos perfis comportamentais e aprender como nutrir por meio do estímulo das competências dele, meu filho teve

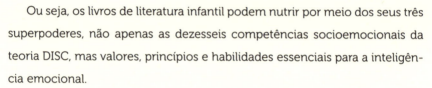

> excelente desempenho nas provas de recuperação que fez na última semana. Como ficamos felizes! Validei, nutri e reforcei sua capacidade. Gratidão ao ensinamento que vocês me proporcionaram...
>
> **Grace Kelly**

Ou seja, os livros de literatura infantil podem nutrir por meio dos seus três superpoderes, não apenas as dezesseis competências socioemocionais da teoria DISC, mas valores, princípios e habilidades essenciais para a inteligência emocional.

A seguir você confere uma trilha de atividades para adultos e crianças (que também está disponível no livro digital *Vivi e o tempo* que você recebeu de presente no Capítulo 1). Aqui você vai encontrar quais são as competências DISC que você estará nutrindo com a leitura e a realização das atividades.

TRILHA DE ATIVIDADES

Atividade 0 – Leia o livro sozinho(a) | Início

Sabemos que você já deve ter lido o livro *Vivi e o tempo* lá no Capítulo 1, junto com seu filho.

Mas, com calma, leia o livro, pelo menos uma vez, sozinho antes de continuar a seguir a Mini Mega Trilha de Literacia, tudo bem?

Atividade 01 – #minimegaxis | Extroversão

Boas memórias merecem ser guardadas para serem relembradas depois.

E, com a leitura do livro *Vivi e o tempo* e as atividades da Mini Mega Trilha, a família construirá muitas memórias positivas!

Tire fotos do seu filho lendo (ou ouvindo) o livro, da família participando das brincadeiras, do cantinho de leitura de você e de qualquer outro momento que você queira guardar.

Você também pode mandar as fotografias para o meu Mini Mega Time por WhatsApp – acesse bit.ly/falecomomml **ou aponte a câmera do celular para o QR Code ao lado!**

Atividade 02 – Caixa de livros | Planejamento

Caso seja assinante do Mini Mega Leitor, com *Vivi e o tempo*, quantos livros do clube de assinaturas você já recebeu até agora?

Já pensou em montar uma caixa ou espaço bem especial para guardar cada um deles?

Junte a família para escolher cores, decorações e colocar as mãos na massa.

Atividade 03 – Sessão de abraços | Sociabilidade

Que tal uma sessão de abraços com quem você mais ama?

Nesta atividade, a diversão é... abraçar cada membro da família, sem pressa, pelo menos cinco vezes.

Conte para mim: isso é que é sociabilidade, hein?

Atividade 04 – Jogo do elogio | Empatia

O jogo do elogio é assim: em um círculo, uma pessoa por vez deve elogiar cada participante da brincadeira.

A melhor parte é continuar, rodada após rodada, enquanto as ideias de elogios e qualidades a serem ressaltadas durarem.

O jogo acaba quando uma pessoa, em sua vez, não conseguir pensar em mais nenhum elogio.

Mas, a essa altura, todos vocês, com certeza, já vão ter se elogiado bastante!

Atividade 05 – Relógio improvisado | Concentração

Seu filho já sabe "ver" as horas sozinho? Se não, essa é uma boa oportunidade de ensinar a ele enquanto vocês se divertem.

Em uma folha branca, desenhe um círculo. Nele, coloque os números das horas e, então, use dois palitos de picolé como ponteiros – não se esqueça de quebrar um para ser o ponteiro menor.

Pronto! Agora é só passar por cada hora do dia, junto com o seu Mini Mega Leitor e o relógio improvisado de vocês.

Atividade 06 – Quadro da rotina | Organização

Você já parou para pensar no tempo que você e sua família passam fazendo suas atividades?

Por exemplo: quanto tempo vocês passam no celular? Ou fazendo uma refeição? Ou brincando em família? Ou estudando?

Com um quadro de rotina, vocês podem acompanhar o tempo que usam e gastam em vários momentos de suas vidas.

Na Atividade 04 – Quadro da rotina (do módulo *Vivi e o tempo*, no aplicativo Mini Mega Leitor), você encontra o quadro que preparamos para a família inteira usar!

Será que existe algum momento da sua rotina que deveria estar recebendo menos (ou mais) tempo?

Atividade 07 – Quando nasceu | Valorização da família

Assim como o Menino-Tempo registrou o nascimento de Vivi, você certamente se lembra do dia em que seu filho nasceu.

Que tal contar para ele a história de como ele veio ao mundo e completou a família?

Conte a história com detalhes, mostre fotos e roupinhas de quando ele era bem pequeno; apresente a ele a própria Certidão de Nascimento... Que outras ideias você tem?

Com certeza, vai ser um momento muito especial.

Atividade 08 – Características nota dez | Amor

Que você ama muito o seu filho, eu tenho certeza! Que tal fazer uma lista com as dez características que você mais ama nele?

Você e os outros membros da família podem fazer essa lista uns sobre os outros e, depois, falar olhando nos olhos de cada um.

Você também pode reforçar os aspectos que ama no seu Mini Mega Leitor todos os dias, antes de ele dormir, para fazê-lo se sentir sempre importante em sua vida.

Atividade 09 – Diário de conquistas | Organização e disciplina

Que tal criar, junto com o seu filho, um diário de conquistas?

Escolham um caderno bem bonito e registrem cada conquista do seu Mini Mega Campeão nele, com textos, fotos e o que mais vocês quiserem.

Uma nota boa na escola, uma medalha em algum esporte... quem define o que são as conquistas ou os momentos de alegria são vocês.

O importante é manter o diário sempre por perto para que, caso em algum momento o seu filho fique triste, ele possa recorrer ao caderno para ver o quanto é feliz.

Atividade 10 – Jogo da memória | Superação

Se a leitura chegou ao fim, é porque está na hora de um jogo da memória temático bem especial.

Acesse a Atividade 10 – Jogo da memória (do módulo *Vivi e o tempo*, no aplicativo Mini Mega Leitor) e faça o download para que a família se divirta junta.

Parabéns por ter chegado até aqui!

Talvez você nem tenha percebido, mas, ao longo desta trilha, você trabalhou e desenvolveu junto com seu(s) filho(s):

- Competências DISC: extroversão, planejamento, sociabilidade, empatia, concentração e organização;
- Princípios e valores judaico-cristãos: valorização da família, amor, organização e disciplina e superação.

Vocês também estimularam as inteligências:

- Espacial;
- Interpessoal;
- Intrapessoal;
- Existencial;
- Linguística;
- Lógico-Matemática;
- Cinestésico-Corporal.

Mesmo assim, este é só o começo!

Todos os livros do Mini Mega Leitor, um clube de assinatura de livros superpoderosos, são criados para proporcionar essa experiência de nutrição no seu filho e na sua filha.

O leitor conversa, por meio da leitura, com todos os agentes que imprimiram no texto, nas imagens e na concepção do projeto gráfico suas visões de mundo e individualidades.

capítulo 12:
faça o
Diagrama da
Identidade
Extraordinária
do seu filho/da
sua filha

viviane
veiga
távora

Durante a leitura deste livro, você conheceu um passo a passo para decifrar e fortalecer seu filho. Agora, com a ferramenta Diagrama da Identidade Extraordinária, você conseguirá visualizar os passos que deu de modo tangível.

A seguir, apresento o Diagrama da Identidade Extraordinária do meu filho mais novo, Pietro, para que você tenha um exemplo de como pode utilizá-lo no seu dia a dia.

Observe que esta versão do Diagrama da Identidade Extraordinária tem cinco círculos. Mas algumas das nossas versões mais elaboradas chegam a doze círculos.

Veja a primeira figura a seguir. Você encontra o primeiro círculo do diagrama semanal do Pietro preenchido, nos quatro fundamentos da Perfeita Linguagem do Amor (importância, pertencimento, distinção e significado). Incluídas nesse primeiro círculo estão também dez das dezoito maneiras da comunicação de amor eficaz as quais trabalhei com Pietro durante a semana: afeto, V0, diálogo, validação, profetizar, cuidar, limite, paciência, harmonia e pagar o preço. Vale ressaltar que elas foram pensadas de acordo com a idade da criança e pela necessidade do momento.

No segundo círculo, eu preenchi a fase de desenvolvimento atual do Pietro, que é de 0 a 3 anos. Como ele já está com 2 anos e 5 meses, em um futuro próximo eu marcarei também a próxima fase de desenvolvimento e precisarei observar essa transição.

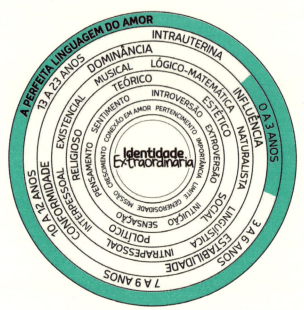

No terceiro círculo, eu sinalizei os dois fatores mais altos do perfil DISC do Pietro, conforme eu o percebo nesse momento: Dominância e Influência altos. Eu identifiquei esses dois fatores como sendo os mais altos e presentes no comportamento do Pietro, acompanhando as competências socioemocionais que Paulo apresentou no Capítulo 8. Pietro tem a ousadia, comando e sociabilidade bem desenvolvidos; enquanto sua paciência é pouco desenvolvida.

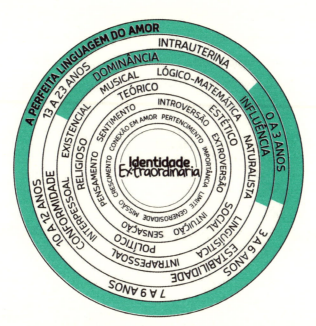

Veja que, no quarto e último círculo, marquei as sete experiências da Teoria Geral das Memórias eu já proporcionei ao Pietro durante a semana, com a finalidade de fortalecê-lo emocionalmente.

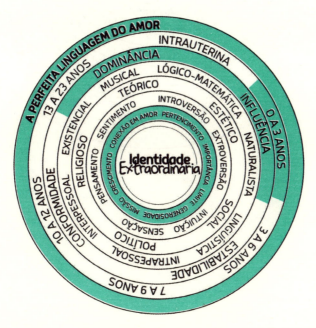

Avalie atentamente cada um dos círculos preenchidos. Veja que o objetivo é acompanhar, de maneira prática, o desenvolvimento de seu filho e mensurar os avanços em sua formação.

Agora, eu convido você a fazer o mesmo e nos marcar nas redes sociais com as hashtags #diagramadaie #editoragente #minimegaleitor

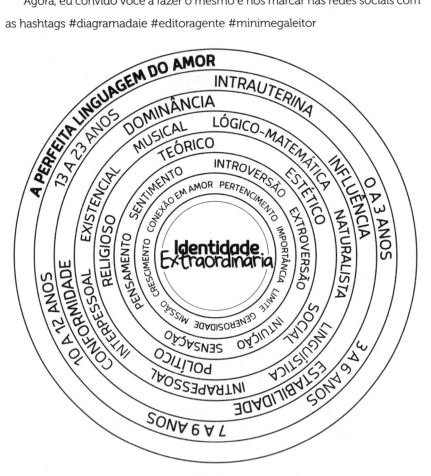

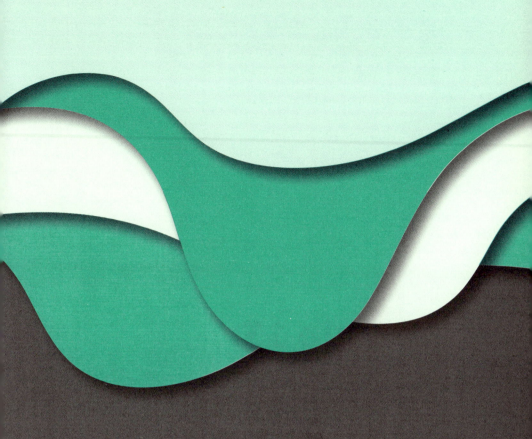

Agora, com a ferramenta Diagrama da Identidade Extraordinária, você conseguirá visualizar os passos que deu de modo tangível.

capítulo 13:
o melhor tempo começa agora

Na juventude, quando pensava em ter filhos, me enchia de convicções: *eu jamais farei isso; meus filhos não serão assim; certamente serei um pai melhor do que os meus pais foram para mim.* Nesse momento, eu (assim como muitos outros pais e mães por aí) tinha certeza de que seria um pai sem erros, mas a realidade se apresentou de maneira bastante diferente.

O medo, as incertezas e as angústias, por vezes, adentraram o meu coração quando finalmente me tornei pai. Afinal, a criança que está sendo gerada ali depende completamente dos pais e será um reflexo da criação que lhe for dada.

Segui, então, rumo ao desconhecido com amor e com muita boa vontade, buscando os conhecimentos necessários para fazer sempre o melhor que podia. Camila e eu exercemos a paternidade e a maternidade buscando sempre aprender mais, muitas vezes nos frustrando e errando para, então, acertar. Afinal de contas, nossos filhos, assim como os seus, não vieram com manual de instruções. Então, o que mais é possível fazer?

É nesse ponto que entra este livro. Não há paternidade ou maternidade sem erro, e isso é um fato. Para criar um filho, porém, existem conceitos e princípios fundamentais que eu e minhas grandes parceiras, Sara Braga e Vivi Távora, depois de muito estudo, pesquisa e prática, trazemos com propriedade nesta obra. É sempre possível, e cada vez mais acessível, buscar informações e conhecimentos que ajudarão você a ser um pai ou uma mãe melhor a cada dia, acertando muito mais do que errando. E você tomou essa decisão.

Você chegou até aqui por amor, está buscando o conhecimento necessário, está plantando as sementes certas e vai colher os frutos dos aprendizados obtidos aqui.

Não tem volta! É possível, é real e está acontecendo com você. O melhor momento da sua relação com seus filhos começa agora. Aproveite!

Paulo Vieira

Os adultos de referência de uma criança são aqueles que convivem no seu dia a dia e estabelecem os vínculos afetivos mais próximos durante seus primeiros anos de vida.

São responsáveis por cuidar, estimular, educar, amar, impor limites, fortalecer a autonomia e preparar a criança para os desafios e oportunidades da vida presente e adulta. Todos nós nascemos dentro de um sistema familiar que existe há muitos anos, sistema que é composto por várias gerações e traz consigo muitas histórias, acontecimentos, situações felizes e trágicas. Por meio dos nossos pais, nós herdamos padrões e comportamentos que estão há gerações na nossa família.

A teoria do vínculo ressalta a importância de o ser humano necessitar viver experiências afetivas com a família na infância e o quanto isso repercute no seu desenvolvimento físico e emocional.[40] É na infância que se constrói o vínculo emocional com os pais ou responsáveis que garante a segurança e a proteção emocional de que ela precisará para enfrentar e explorar o meio social no qual é exposta.

O vínculo com os pais ou responsáveis é baseado em uma relação de confiança, respeito e afeto, e permite que o indivíduo desenvolva convicções positivas de si e dos outros, assim como autoconfiança e independência na vida adulta. Já o contrário, vínculos familiares inseguros pautados por ansiedade e estresse, são mais propensos a desenvolverem convicções negativas de si e do mundo.

Sara Braga

---

40 BOWLBY, J. **Formação e rompimento dos laços afetivos**. São Paulo: Martins Fontes, 1982.

A melhor fase da sua maternidade e paternidade começa agora! Aproveite a jornada de ser pai e ser mãe a partir da consciência e dos conhecimentos recebidos neste livro.

Seja leve, seja presente, seja intencional e seja estratégico.

Seja leve porque essa é, sem dúvida nenhuma, a maior missão que um ser humano pode receber: gerar e educar outro ser humano. Se não houver leveza na jornada, pode se tornar um fardo. E se for um fardo, afetará diretamente os resultados. E o resultado se chama "seu filho", "sua filha".

Seja presente, esteja presente, esteja consciente no seu dia a dia. Não opere a sua maternidade e sua paternidade no piloto automático, faça uso de redes de apoio, peça ajuda, tudo isso para que tudo que você decidir fazer seja feito com presença, em velocidade zero, com intencionalidade.

Seja intencional porque o instinto garante sobrevivência, e o que desejamos como pais é que nossos filhos, mais que sobreviver, sejam felizes, mais do que nós somos. Ser intencional é colocar em prática cada um dos passos que entregamos a você neste livro, todos os dias, com querer e vontade.

Seja estratégico porque o tempo não volta, as fases de desenvolvimento não voltam, e as memórias, se depositadas, não se dissipam facilmente. Cada ação ou omissão terá um resultado no futuro. Então, que sejam resultados de conexão de amor, importância, pertencimento, merecimento, limite, generosidade, crescimento e missão. Para um pleno desenvolvimento, tenha este livro sempre com você, faça as atividades, e as refaça quando achar necessário.

Acredite, você merece ser um pai, uma mãe reset!

Viviane Veiga Távora

Este livro foi impresso
na gráfica Rettec
em papel pólen bold 70g
em outubro de 2021.